_______________ 님의 행복한 골프 라이프를 응원합니다.

년 월 일 _______________ 드림

5년 골프 일기

초판 1쇄 인쇄 2022년 4월 4일
초판 1쇄 발행 2022년 4월 13일

지은이 김헌
펴낸이 김선식

경영총괄 김은영
콘텐츠사업7팀장 김민정 **콘텐츠사업7팀** 김단비, 권예경
마케팅본부장 권장규 **마케팅1팀** 최혜령, 오서영
미디어홍보본부장 정명찬 **홍보팀** 안지혜, 김은지, 박재연, 이소영, 이예주, 오수미
뉴미디어팀 허지호, 박지수, 임유나, 송희진, 홍수경
저작권팀 한승빈, 김재원, 이슬 **편집관리팀** 조세현, 백설희
경영관리본부 하미선, 이우철, 박상민, 윤이경, 김재경, 최완규, 이지우, 김혜진, 오지영, 김소영, 안혜선, 김진경
외부스태프 **편집** 퍼블루션 **디자인** 날마다 작업실

펴낸곳 다산북스 **출판등록** 2005년 12월 23일 제313-2005-00277호
주소 경기도 파주시 회동길 490 다산북스 파주사옥
전화 02-704-1724 **팩스** 02-703-2219 **이메일** dasanbooks@dasanbooks.com
종이 IPP **인쇄 · 제본** 한영문화사 **코팅 · 후가공** 평창피앤지

ISBN 979-11-306-8982-1 (04690)
(세트) 979-11-306-8094-1 (04690)

Personal Data

Name ______________________________

Mobile ______________________________

5 years Golf Diary

5년 골프 일기

다산 라이프

• 머리말 •

골프는 시작하고 얼마 되지 않아, 이 일이 내 인생에 꽤 큰 덩어리로 자리하게 되었다는 것을 깨닫게 됩니다. 들이는 시간과 노력의 정도에서도 그렇고, 비용 면에서도 그렇고 마음 한구석에 떡하니 똬리를 틀고 앉아 있는 품새가 그렇습니다.

골프를 시작했다는 것이 하나의 사건이고, 골프를 지속한다는 것은 서사가 됩니다.

골프는 우여와 곡절의 연속입니다. 배움의 과정이 드라마틱할 뿐 아니라 실전의 라운드는 그야말로 한 편의 블록버스터 영화입니다. 실의와 좌절이 깊기에 성취의 기쁨도 풍성합니다. 그러니 기록하고 기억하고 싶은 순간들이 너무나 많아요.

첫 라운드, 첫 파, 첫 버디, 그 순간을 함께 했던 그리운 동반자, 아름다웠던 풍광, 매서운 바람 속에서의 미친 라운드, 장엄한 노을을 바라보며 걷던 18홀.

그거 아세요? 많은 골퍼가 세월이 지난 후 '기록을 좀 해 놓을 것을….' 하면서 후회한다는 거.

골프가 한 1년 하고 말 일이면 기록 따위 그리 중요치 않습니다. 골프는 적어도 5년, 길면 30년을 함께 할 친구입니다. 게다가 골

프를 그저 골프만으로 즐기기엔 그 시간이 너무 아깝습니다. 소중한 순간을 간결하게 정리해서 담아 놓으세요

1년을 쓰면 단순한 일기장에 불과하겠지만 5년, 10년 꾸준히 쓰면 한 편의 역사가 됩니다. 한 20년쯤 지나 당신의 풋사과 같았던 골프를 돌아볼 수 있다는 것, 생각만 해도 신나지 않나요?

다들 아시겠지만 기록을 통해 삶을 반추하는 것은 방향을 잃지 않고자 함입니다. 골프라는 먼 여정, 길을 잃지 않고 가려면 기록은 선택이 아니라 필수입니다.

골프 일기를 통해 여러분들의 골프가 더 반뜻해지고 더 풍성해지기를 간절히 기원합니다

2022년 4월

행복골프훈련소에서 교장 김헌

• '5년 골프 일기' 사용법

1. 다이어리 속의 글들은 당신을 향한 편지입니다. 아무 곳이나 펴서 매일 마음이 가는 글을 한 편씩 읽어보세요. 일기장은 가까이 두고 있어야 지속적으로 기록하게 됩니다.

2. 첫 연습, 첫 스크린 게임, 첫 라운드, 첫 파, 첫 버디 등 모든 종류의 첫 경험을 해당 날짜에 기록하세요.

3. 깨100, 깨90, 라베 등, 모든 성장을 해당 날짜에 기록하세요. 스코어 카드를 일기장에 붙여 놓아도 좋아요

4. 동반자를 기록하고 기억하세요. 인생을 함께 할 동반자입니다.

5. 골프장 근처의 맛집을 찾고, 경험하고 기록해 놓으세요, 풍성한 골프 자산이 됩니다.

6. '문화유산답사기' 같은 책을 늘 가까이하면서 다녀온 골프장 근처의 역사와 문화를 간단히 메모해 보세요. 골프만 느는 것이 아니라 인문과 지리에 대한 식견도 늡니다.

7. 가능하면 사진을 찍고 함께 보관하세요. 더 입체적인 기억으로 남습니다.

8. 기억할 만한 순간들의 느낌이나 라운드 후기를 간단하게라도 기록해 놓으세요. 그 순간은 아픔일지라도 지나고 보면 즐거운 추억입니다.

다이어리 내지

매일 날짜가
표기되어 있어요.

해당하는
년도를
적으세요.

매일 달의 표기가
인덱스형식으로 되어 있어
편리해요.

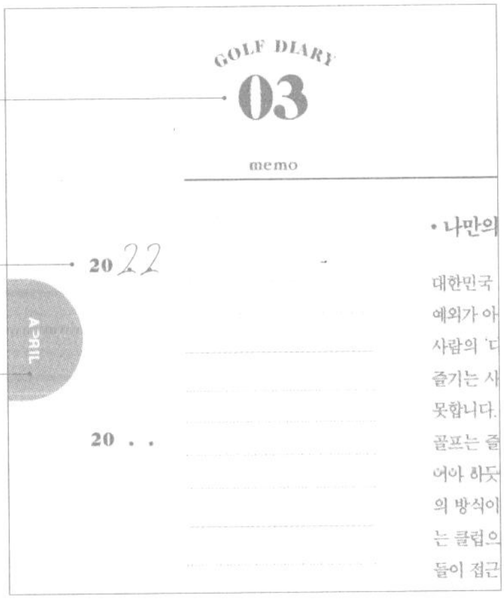

January

1월

GOLF DIARY

01

memo

20 . .

20 . .

20 . .

20 . .

20 . .

• 아무리 생각해봐도

아무리 생각해봐도 골프는 '버림'입니다.
아무리 생각해봐도 골프는 '느림'입니다.
아무리 생각해봐도 골프는 '기다림'입니다.
아무리 생각해봐도 골프는 '그리움'이고
'견딤'이고 '버팀'입니다.
서둘러서 되질 않고
의욕으로 되질 않고
욕심으로 절대 안 됩니다.
아무리 생각해봐도 골프는 마라톤이고
아무리 생각해봐도 스윙이 줄넘기보다
어렵지 않아야 합니다.
백 번을 양보해도 골프는
부둥켜 끌어안고 안으로 안으로 수렴해야
할 일입니다.
그러니 골프는 사랑입니다.
그래서 죽어도 골프는
몸보다 마음으로 해야 할 일입니다.

memo

• 현존임명 現存任命
: 지금 바로 이 자리에서 목숨을 건다

어린 시절 본인방인지 명인 타이틀인지 잘 기억은 안 나지만 우승타이틀을 거머쥐고 '목숨을 걸고 바둑을 둔다'는 조치훈의 인터뷰 기사를 보면서 '바둑이 뭔데 목숨까지?' 하면서도 그리해야 오를 수 있는 경지가 있을지도 모르겠다는 막연한 경외심 같은 것을 처음으로 경험했던 것 같습니다.
골프의 한 샷 한 샷에 목숨을 걸라면 다들 웃으시겠지요? 목숨을 건다 한들 목숨이 걸리기야 하겠습니까? 다만 몰입의 경지를 이야기하는 것이겠지요. 셋업을 하고 가만히 있자면 실패한 과거로부터 실수할 미래까지 한순간도 '현재'에 있지를 못하고 시공을 넘나드는 야단스러운 마음이 보입니다. 삶이 게임이라면 그 속에서 1,000번도 넘게 계속해갈 게임에 불과한 골프, 그 게임 속에 또 한 샷일 뿐인데 마음아! 넌 어찌 그리 부산스러우냐? 그런 자신이 한편으로 안쓰럽고 한편으로는 참 귀엽기도 합니다. 그래서 웃음이 납니다.

20 . .

20 . .

20 . .

20 . .

20 . .

GOLF DIARY

03

memo

20 . .

20 . .

20 . .

20 . .

20 . .

• 바위가 문제가 아닙니다

OB가 아니라 OB가 날 것 같은 마음이 먼접니다. 슬라이스가 문제가 아니라 슬라이스가 날 것 같은 예감이 문제지요. 108밀리 홀컵은 안 들어갈 것 같은 불안감, 꼭 넣어야겠다는 욕심을 어찌 그리 잘도 알아차리는지. 골프는 거울입니다. 세상살이에 대한 욕심이나 경쟁심을, 겁 많고 소심함을, 내 수양의 정도를 아낌없이 비춰주는 맑은 거울입니다. 열심히 수련하고 자주 비춰보고 싶은데 그도 쉽지 않은 요즘입니다.

memo

• 거리보다는 방향

뿌리가 없는 거대 담론! 참 허망하지요. 너무 멀리 보고 걸으면 작은 돌부리에 걸려 넘어지고 너무 발밑을 보고 걸어도 전혀 엉뚱한 곳에 이릅니다. 시선을 두어야 할 적당한 거리라는 것이 분명 있을 텐데요. 너무 거대하지도 너무 협소하지도 않은 지점. 멀리도 봤다가 가까이도 봤다가 전체도 봤다가 디테일도 봐야 하는 적절한 타이밍도 있을 테고요.

스코어를 생각하면 스윙이 흐트러지고 스윙에 얽매이면 스코어가 망가지는 것처럼, 일상의 소소한 일들이 중요하지만 '뜻하지 않은 비'를 피하려면 가끔 일기예보도 봐야겠지요. 한 걸음 한 걸음 최선을 다하되 수시로 고개를 들어 어디로 가고 있는지를 봐야 하는 거라면 이즈음이 바로 발걸음을 잠시 멈추고 방향을 확인해야 할 시점입니다.

'지금, 이 샷을 어디로 날려야 하나?'

20 . .

20 . .

20 . .

20 . .

20 . .

GOLF DIARY
05

memo

20 . .

20 . .

20 . .

20 . .

20 . .

• 아직도 보이지 않는 선물

새벽 북한강에 피어오르는 물안개, 잔설이 남은 듯 채 가시지 않은 페어웨이의 안개, 바람에 흔들리는 회화나무 가지의 잎사귀, 친구들의 웃음소리…. 급히 서두르지 않고 바쁘지 않고 스코어에 얽매이지 않으면 다 보일 것들이 왜 그리 눈에 들어오지 않는 것일까요?

행복은 참 예외적인 것이어서 온 마음을 다해서 귀 기울이지 않으면 와도 온 줄 모르고 가도 간 줄 모른다는데, 얼마나 더 가혹한 좌절을 겪어야 삶이 주는 사소하고 은근한 아름다움에 눈뜨게 될까요? 얼마나 더 비극적인 색깔로 삶의 배경이 칠해져야 헛된 미래의 희망으로부터 평온해질 수 있을까요?

GOLF DIARY

06

memo

• 과정과 결과

20 . .

20 . .

20 . .

20 . .

20 . .

"100타를 깨는 게 소원이에요."
"어디 가서, 골프 친다고 하려면 보기 플레이는 해야지요."
"이왕 시작한 거, 싱글은 한번 해야지요."
"딱 한 번만이라도 이븐파를 쳐보고 싶습니다."
"언더 파를 치는 날로 이 지겨운 골프 접으렵니다."

당신이 몇 타를 치려고 하든, 한 가지만은 귀띔을 해드려야겠습니다.
이루고자 하는 것을 이루고도 당혹해하지 않으려면 미리 알고 계셔야 합니다. 그 성취가 100이든 90이든 80이든 참 허망합니다. 많은 사람의 축하와 '그래, 나는 그런 사람이야' 하는 우쭐댐도 잠시, 혼자 집으로 돌아가는 길에 느끼는 '스산함'이란! 성취하고자 하는 목표가 성대할수록 그 '허망함'은 크기를 더할 겁니다.
성취는 순간이고 과정은 길지요. 과정, 그 자체를 즐기지 못하면 결과에 쉬 좌절하거나, 더 짜릿한 '성취의 쾌감'을 위해 더욱 큰 목표를 설정하는 악순환의 고리에 빠지고 맙니다. 당신은 지금 어디에 마음을 두고 있습니까. 과정입니까? 결과입니까?

GOLF DIARY

07

memo

20 . .

20 . .

20 . .

20 . .

20 . .

• 반

〈책의 힘〉의 저자 애덤 잭슨은 100리를 저어가는 사공이 99리를 반이라 하는 것을, 마지막 1리를 가지 않는다면 그 길은 영원히 가지 않은 길이 되기 때문이라고 했습니다.
홀 아웃을 하려고 남겨둔 퍼팅까지가 반이고, 18개의 홀 중 17번 홀까지가 반이라는 뜻이군요. 드라이버가 멀리 나갔다고 파나 버디를 상상하고 전반 9홀 성적이 좋았다고, 생애 베스트 스코어를 상상하는 사람에게 참으로 도움이 되는 계산법입니다.
인생 초반의 작은 실수로 삶 전체를 자포자기하는 젊은이들에게도, 도무지 뜻대로 일이 풀리지 않는다고 좌절하는 중년에게도, 정년이 다가오면서 남은 삶이 아득한 노년에게도, 참으로 매력적인 계산법입니다.
삶이 다하는 그 순간까지 희망을 놓지 말 것이며 다 이뤘다 싶어도 결코 경계를 소홀히 해서는 안 된다는 것. 다시 한번 마음에 새겨봅니다.

memo

• 첫 샷이 떨리는 사람들에게

아무도 당신이 완벽할 것을 기대하고 있지 않습니다. 많은 사람이 주목하고 있는 상황에서 떨고 있는 당신이 훨씬 인간적입니다. 누구라도 떨릴 수 있는 상황에 침착하고 냉정한 사람, 오히려 매력이 없지 않나요? 떨고 있으면서도 떨고 있지 않은 듯이 행동하고 떨고 있는 자신을 억압하고 부정하면서부터 문제는 꼬이기 시작합니다. 의식과 잠재의식의 충돌이 일어나고 결국 패닉 상태가 되어버립니다. 완전 '아웃 오브 바운드(OB)'입니다. 떨리는 자신을 그대로 인정하면서 연민의 미소를 지어주세요.

'많이 떨고 있구나.'

'짜식!'

'괜찮아!'

더불어 깊은숨을 쉴 수 있다면 굿샷은 아닐지라도 OB는 안 납니다. 부끄러움이 많고 떨 줄 아는 사람이 많아야 세상이 맑아질 것 같습니다.

20 . .

20 . .

20 . .

20 . .

20 . .

GOLF DIARY

09

memo

20 . .

20 . .

20 . .

20 . .

20 . .

• 신선神仙도 안 되는 일

'평생 아무 걱정 없이 골프나 치면서 살았으면 좋겠다.'
이런 생각 한 번은 해보셨을 텐데요.
실제로 뉴질랜드로 이민 가서 골프를 자주 치고 있는 친구가 전해온 이야기는 의외였습니다. 골프가 너무 재미없다고 하더라고요.
오늘도 칠 수 있고 내일도 칠 수 있는 골프가 무슨 재미가 있겠느냐는 넋두리와 함께 자기가 정말 좋아했던 것은 골프가 아니라 사람들이었던 것 같다는 이야기도….
저의 골프도 언제나 일로써의 골프였고 골프를 위한 골프는 없었습니다. 억지로 약속을 밀고 당겨서 그 틈새에 억지로 욱여넣어야 가능한 골프였습니다. 골프가 업業이 되어버린 지금, 훨씬 더 밀도가 높았고 열정도 깊었던, 그래서 그만큼 재미의 크기도 컸던 그 시절의 골프가 그립습니다. 모자라고 부족한 속에서의 즐김이 더 소중하고 아름답습니다.
바로 지금 당신의 골프가 그러할 것입니다.

GOLF DIARY

10

memo

• 잔디에 말을 걸어보셨나요?

잔디에 말을 걸어보셨나요?
나무나 풀에 인사해보셨어요?
그린 위로 올라온 지렁이를 그늘로 던져 주거나, 공 위에 날아 앉은 풍뎅이를 날려 보내면서 감사의 마음을 전해보신 적 있으세요?
청설모가 나무 위로 내달리고, 오리도 꽥꽥거립니다. 워터해저드 속에는 물고기가, 하늘에는 새가 있습니다.
우리는 그 모든 생명과 더불어 골프를 하는 겁니다. 사람만이 골프 동반자가 아닙니다. 뭇 생명에게 따뜻한 시선을 보내고 감사의 인사를 하고 조금 더 여유가 된다면 끌어안아 주고 쓰다듬어주고 이름도 묻고….
그럴 만한 여유가 없다고 이야기하지 마세요. 오히려 그런 넉넉함이 없어서 OB가 나고 뒤땅을 때리고 생크가 나는 겁니다. 감사하지 않으니 숲이 공을 감추고, 러프가 공을 삼키고, 홀컵이 공을 거부하는 것이지요.
여유로워서 감사하는 것이 아니라 감사가 여유를 만듭니다.

20 . .

20 . .

20 . .

20 . .

20 . .

GOLF DIARY

11

memo

20 . .

20 . .

20 . .

20 . .

20 . .

• 재능과 열정을 다하는 삶 그리고 골프

'해야만 하는 일'과 '하고 싶은 일' 사이의 괴리는 단순한 선택의 문제만은 아닙니다. 삶의 뿌리 깊은 화두입니다. 그렇지만 한 가지 분명한 사실은 괴리가 가져오는 불행감은 감출 수가 없다는 점입니다. 불행한 선생이 행복한 제자를 키울 수 없고 자신은 불행하면서 의무감과 헌신으로 키운 자식이 행복하기란 쉽지 않겠죠? 당신의 골프는 '하고 싶은 일'입니까? '해야만 하는 일'입니까?

스스로 행복한 사람만이 다른 사람을 행복하게 해 줄 수 있다는데, 재능과 열정을 다하는 당신의 삶 한쪽에 골프가 조그맣게 자리하기를 간절히 기원합니다.

memo

• 확 그냥

공 하나 잘못 맞는다고 재산이 축날 것도 아닌데, 공 하나 OB가 난다고 해서 인생 어찌 되는 것도 아닌데, 치기 전엔 두려움이 지나치고, 치고 나선 낙담이 너무 큽니다. 하지만 낙담할 필요 없죠. 드라이버 미스나면 아이언으로 만회하면 되고, 아이언이 뒤땅을 치면 숏 게임으로 도우면 되고, 퍼팅도 아직 남아 있으니까요.

오늘의 라운드가 마지막이 아니고 지금의 이 샷이 마지막 샷이 아닙니다. 앞으로 1000번의 라운드를 할 것이고, 한 라운드에 100타를 친다고 보면 10만 번의 기회가 여러분들을 기다리고 있는 셈이죠.

지금의 샷 하나, 다시 돌아오지 않을 샷이기는 하지만 10만 분의 1에 불과합니다. 그러니 일단 세트업을 하고 나면 '돌이 죽지 내가 죽나!' 바둑 둘 때의 용기나 '돈이 죽지 내가 죽나!' 화투 칠 때의 과감함이 필요한 거죠.

"에라, 모르겠다! 깡으로!"

좋은 결과 있을 겁니다.

20 . .

20 . .

20 . .

20 . .

20 . .

GOLF DIARY

13

memo

20 . .

20 . .

20 . .

20 . .

20 . .

• 가장 먼 여행

우린 깜짝 놀라면 가슴을 쓸어내립니다.
사랑하는 사람과의 이별엔 가슴이 아픕니다.
한 줄기 바람에 잎이 떨어지면 가슴이 서늘합니다.
우리의 본능은 머리보다 가슴을 먼저 움직이는 것이 틀림없습니다.
골프는 가슴으로 하는 여행입니다.
거리와 방향을 판단하고 클럽을 선택하는 일은 이성적인 머리가 하지만, 골프를 통해 얻는 모든 것은 가슴이 느낍니다.
산천초목을 가슴으로 느끼고, 자연의 변화도 가슴으로 느끼고, 한 스윙 한 스윙 샷의 결과도 온 가슴으로 느낍니다. 운동은 머리보다는 가슴이 더 전문갑니다.
"The longest journey for anyone of us is from head to heart."
'인생의 가장 먼 여행은 머리에서 가슴으로의 여행이고, 냉철한 머리보다 따뜻한 가슴이 더 어렵다'고 하신 신영복 선생님의 이야기가 생각나는 아침입니다.

memo

• 함께 여행하시겠습니까?

경비가 1억 원 이상 들고, 짧아도 10년, 길면 30년은 가야 하는 먼 여행.
정상이 보이는 산을 오르는 것도 아니고, 안내 표지판이 잘 되어있는 도시탐험도, 명승고적 답사도 아닙니다. 사막이나 정글을 지나는 여행.
길이 없는 길을 가기에 '얼마나 빨리'보다 '어디로'가 중요하고, 단거리가 아니라 마라톤이기에 '열심히'보다는 '꾸준히'가 더 소중한 여행.
몇 가지 기술이 있어야 하는 여행이지만 아무리 멋진 기술이 있어도 몸이 따라주지 않으면 무너져 내리고, 도구를 잘 활용하며 효과적인 전략을 구사하지 못하면 살아남을 수 없는 여행.
많은 사람이 함께했다가 스러지고, 결국은 혼자인 이 여행의 끝에 서면, 따뜻하고 성숙해진 '자신'을 만나게 됩니다. '나에게로 이르는' 이 여행.
'함께 가시렵니까?'

20 . .

20 . .

20 . .

20 . .

20 . .

GOLF DIARY
15

memo

20 . .

20 . .

20 . .

20 . .

20 . .

• 반짝 스타

골프, 너무 서두르지 마세요. 주변을 둘러보면 소위 보기 혹은 싱글이라는 사람들 매우 많지만, 한때 화려한 싱글의 시절이 있었다는 추억인 경우가 태반입니다. 그야말로 '반짝 싱글'인 것이지요.
꾸준한 연습의 결과가 스코어인 것이지 벼락치기 연습, 가정과 일을 포기한 무리한 연습은 결국 '반짝 스타'밖에는 될 수가 없는 거예요.
삶이 아름답고 그 위에 더 아름답게 뿌리를 내린 골프라야 비로소 비도 바람도 견디고 긴장도 욕심도 넘어서는 오래도록 튼실한 골프일 수 있을 것입니다.
자기 삶의 조건에 맞게 무리하지 말고 조금씩 조금씩 전진하세요. 그러다 보면 '클럽 챔피언'이 되어있을지도 모르고 'US open'에 초청받을지도 모르잖아요?

GOLF DIARY

16

memo

• 공중

무심히 평면이던 하늘이 비행기 한 대 지나가면 3차원의 공간이 되고, 흑백의 스틸 사진처럼 덤덤하던 허공이 까치 몇 마리의 등장으로 입체 동영상이 됩니다. 하얀 공이 '쌔액' 소리를 내며 땅과 하늘을 찢을 때 그곳, 비어있지만, 문득 가득 찬 공간이 됩니다. 공의 비상飛上으로 눈이 알던 거리가 시간의 거리로 환산되고 목표로만 아득했던 그곳이 현실이 됩니다. 거기서 다투기도 하고 눈물도 흘리고 사랑도 하고 이별도 하고 아이도 낳고…. 또 골프도 하고, 결국, 우리가 돌아가야 할, 그곳 공중空中이라는 말 참 좋습니다.

20 . .

20 . .

20 . .

20 . .

20 . .

GOLF DIARY

17

memo

20 . .

20 . .

20 . .

20 . .

20 . .

• 석양

봄의 꽃도 가을의 단풍도 아름답고, 새벽안개 속의 골프장은 더욱 아름답지만, 골프장의 절경을 꼽으라면 단연 아득한 그린, 그 그린 위에 꺼질 듯 펄럭이는 깃발, 그 너머로 지는 장엄한 석양일 것입니다. 그것도 한낮의 고생이 깊었을 여름날의 석양이 으뜸입니다. 경치가 경치만으로 존재하는 것이 아니어서 아직 라운드의 초입에 있는 들뜸과 기대의 새벽안개보다는 희로애락의 18홀이 서서히 끝나가는 종반의 배경인 석양이 더욱 아름다운 것이겠지요.
석양의 장엄을 보고 있노라면 열기도 식어가고 회한도 사라집니다. 후회도 많은 홀이 남았을 때나 필요한 것이지요. 잘난 골프도 끝이 나고 굽이굽이 홀들에서 시련을 겪었을 못난 골프도 끝납니다. 골프가 사소하고 승부도 사소해집니다. 어차피 끝이 있는 것을 뭘 그리 안달복달했는지. 석양은 인생을, 유한한 삶 속에서의 골프를, 너무도 분명하게 드러냅니다. 그래서 모든 석양은 넉넉한 품으로 위로합니다.
"괜찮다."
"다 괜찮다."

memo

• 웃자란 골프

누가 생각해도 어려운 여건을 이겨낸 이야기가 힘이 있고, 스러진다 해도 나무랄 수 없는 상황을 올곧게 견딘 이야기가 아름답습니다. 골프를 할 만한 처지에 있는 사람이 골프를 잘하는 것은 당연한 일이지만 바쁘고 어려운 여건이어서 골프를 했을 리 없으리라 생각했던 사람이 골프를 할 수 있다는 것은 아주 기특한 일입니다. '기회를 준비하는 사람'일 수 있고, '삶을 주도하는 사람'으로 읽힐 수도 있습니다.

하지만 너무 잘하면 안 됩니다. 너무 잘하려 애쓰지도 마세요. '서 있는 자리에 걸맞은 골프'가 아름다운 겁니다. 내가 알고 남도 아는 조건과 상황을 넘어선 골프 실력은 당연히 많은 것을 희생한 위에 서 있을 것이고 그래서 '흉'이 될지도 모릅니다. 사람의 일이라 웃자란 나무는 그 운명을 알 수가 없는 법이죠.

풋풋함이 더 향기롭고 서툰 것이 아름다울 수 있다는 것을 잊지 마세요.

20 . .

20 . .

20 . .

20 . .

20 . .

GOLF DIARY

19

memo

20 . .

20 . .

20 . .

20 . .

20 . .

• 최고의 학교

사람이 세상을 변화시키고 세상이 사람을 만듭니다. 세상이 삶의 지혜를 배우는 최고의 학교라면 골프는 최고 학교의 생활을 위한 예비 학교이기도 하고 보충수업을 하는 학교이기도 합니다. 좀 더 욕심을 내서 이야기하자면 인생을 배우는 속성 과정이기도 하고 압축 과정의 학교이기도 합니다. 골프를 단순한 스포츠로 이해하는 사람에게는 골프는 땀을 뻘뻘 흘리는 운동일 뿐이고, 오락으로 보는 사람에게는 오락에 불과할 것입니다. 골프를 최고의 학교로 보는 사람에게는 골프가 더 많은 것을 가르쳐 줄 것입니다.

memo

• 비상의 조건

20 . .

일도 잘하고 싶고, 돈도 많이 벌고 싶고, 자식도 잘 키우고 싶고, 골프도 잘 치고 싶고, 뭐든 잘하고 싶습니다. 그렇지만 아무에게나 그런 복이 허락되진 않습니다. 어떤 분야에서건 '비상'을 하려면 두 가지 조건을 갖춰야 합니다.

20 . .

한 가지는 벼랑에 서서 바람을 맞아야 한다는 겁니다. 평탄한 지형에서는 도무지 날 수 없고 더 멀리 날기 위해서는 더 높은 벼랑에 서야 하지요.

또 한 가지는 자신을 비워내야 한다는 겁니다. 새가 멀리 날기 위해 뼛속을 비워내듯骨空 비워내지 않고서는 결코 도약할 수 없다는 거죠. 욕심, 세상을 보는 패러다임, 질서, 의무감, 책임감, 도덕, 결국 나 자신마저 놓아야 합니다. 많이 내려놓을수록 더 멀리 날 수 있다는….

20 . .

20 . .

그러니 너무 비상하려 하지 마세요. 인생 어렵고 힘들어집니다. 모진 풍파 견딜 힘도 의지도 없고 비워낼 자신도 없는 보통의 우리는 잔잔하고 꾸준한 전진이 제격입니다. 그래도 인생 '보기 플레이'까지는 갑니다.

20 . .

GOLF DIARY
21

memo

20 . .

20 . .

20 . .

20 . .

20 . .

• 시詩여! 골프를 즐겨라

셰이크 모하메드는 리더십을 발휘해 두바이를 '중동의 뉴욕'으로 만든 아랍에미리트의 부통령 겸 총리입니다. 그는 '시가 국민의 바람과 꿈, 희망과 고통을 표현하지 못한다면 가치 없는 것이다. 시는 아랍에미리트 발전에 기여해 왔다'라고 이야기했습니다. 그는 시인입니다. 중동의 뜨거운 사막 위에 인공의 도시를 만든 것도 신기한데 그 장대한 건설의 배경에 시인이 든든히 버티고 서 있다는 점이 더 반갑고 경이롭습니다.

우리나라에는 어느 골프장이 가장 시적인가요? 손님을 유치하기 위해서 시인의 빛나는 상상력이 구조를 바꾸고 시인의 예민한 감수성이 서비스되는, 그래서 하나의 독특한 문화가 여물어 가는, 그런 세월이 빨리 왔으면 좋겠습니다. 부가가치가 가장 높은 상품은 역시 문화입니다.

혹시 당신의 골프는 시적입니까? 주저리주저리 만연체, 지루하고 복잡한 산문체 골프를 하고 계신 것은 아니신지?

memo

• 골프의 외로움

꾸준한 애정과 노력에도 불구하고 그린이 등 돌려 우리를 외면하고 홀컵이 우리를 거부할 때 외롭습니다. 똑같은 스윙을 하는 것 같은데 슬라이스로 훅으로 공과 그의 궤적이 우리를 배반할 때 외롭습니다. 누군가의 고통이었을 숲속에 오래된 공 하나, 티 박스에서 바라본 아득한 깃발, 하얀 공을 삼킬 듯 푸른 하늘, 돌아오는 길의 어둑한 코스모스, 그 모든 것들이 가을 골프의 외로움을 더하지만 그리워 마련한 벗들과의 라운드, '스코어다', '스윙이다' 한 치도 골프를 벗어나지 못한 무성한 말들의 뒤끝이 더 외롭고, 소중한 사람과 함께했던 라운드, 숨소리 웃음소리 굽이굽이 생생한데 바로 그 골프장에서 친하지만 낯선 사람들과의 골프는 더욱더 외롭습니다. 그렇지만 너무 외로워 마세요.

20 . .

20 . .

20 . .

20 . .

20 . .

GOLF DIARY

23

memo

20 . .

20 . .

20 . .

20 . .

20 . .

• 골프의 종류

빨간 자동차를 사려고 마음을 먹는 순간 세상에 언제 그리 빨간 자동차가 많았는가 싶고 자전거를 타고 다니기 시작하면서 세상은 온통 자전거로 가득합니다. 우리의 눈으로 들어오는 정보의 10분의 1도 인식하지 못하는 것이 인간이라는데 어디에 마음이 가는가에 따라 보이는 것이 달라지는 것도 너무 당연합니다.

스코어에 마음이 가면 '스코어 골프'가 되고 스윙의 완성에 집착하면 '스윙 골프' 동반자나 캐디에게 마음이 가버리면 내 골프가 아니고 '타인의 골프'가 됩니다. 골프장이 좋으니 나쁘니 투덜거리기 시작하면 골프가 아니라 골프장이 중심에 서버리고, 뭉게구름 푸른 하늘을 보면 '하늘 골프', 나무 그늘에서 서늘한 바람을 느끼면 '바람 골프', 한여름의 진한 풀 내음에 마음이 가면 '풀 향기 골프'…. 골프의 종류는 참 많기도 합니다.

삶이 그러하듯 어떤 골프를 할지는 완전히 우리의 선택일 뿐입니다.

어떤 골프를 하시렵니까?

memo

• 큰 나무

산길을 가다 큰 나무를 보면 절로 고개가 숙여집니다. "저 나무는 얼마나 많은 생명의 헌신과 희생 위에 서 있는가? 얼마나 많은 인연과 사연이 쌓여 저토록 당당한가? 견뎠을 바람은 얼마이며 몸서리친 풍상은 또 얼마일 것인가? 저 나무로 하여 또 얼마나 많은 생명이 살아가고 있을까?" 숙연해집니다.

세상에 저절로 되는 일도 없고 나 홀로 되는 일도 없습니다. 일이 클수록 더 많은 업이 쌓여야 하고 깊을수록 더 많은 사연을 담아야 하지요.

시간과 돈의 문제를 따로 하더라도 아내의 헌신(?) 없이 싱글에 이른 사람이 없고 남편의 외조(?)로 보기 플레이라도 하는 겁니다. 아이들이 건강하니 그나마 골프도 할 수 있고 집안에 큰 우환이 없으니 연습장이라도 들락거릴 수가 있습니다. 참으로 많은 우연이 겹쳐 한 번의 골프와 한 번의 샷이 있습니다. 지금, 이 순간 골프를 하고 있거나 골프를 할 수 있다는 것이 세상살이에 더 겸손해져야겠다는 다짐이면 좋겠습니다.

20 . .

20 . .

20 . .

20 . .

20 . .

GOLF DIARY

25

memo

20 . .

20 . .

20 . .

20 . .

20 . .

• 왜 골프를 합니까?

'어떻게 하면 골프를 잘할 수 있는가'에 대한 정보와 이야기들은 넘치고 있습니다. 그런데 정작 '왜 골프를 하는지'에 대한 이야기는 없습니다. '당신 왜 골프를 하십니까' 물으면 철없는 사람, 시대에 뒤떨어지는 사람이 되어버립니다. 골프는 선택이 아니라 거스를 수 없는 시대의 요청인 양 되어버렸습니다.

너무도 당연한 이야기라서 스스로 묻지도 못합니다. 스스로 알고 있다고 착각하고 있거나 아니면 묻기가 두려운 것인지도….

하지만 물어야 합니다. '왜'라는 물음을 끝까지 끈질기게 물고 늘어지면 그 속에 '어떻게' 하면 되는지에 대한 답이 있기 때문입니다. 바로 '내가 해야 하는 이유' 그 이유 속에 '당신만의 골프'를 만드는 비밀의 열쇠가 들어 있습니다. 연습 방법도 스윙 론도 실전의 태도도 모두 '왜'라는 물음 속에 있습니다. '이유'에 충실하다 보면 골프가 내 삶 속에서 목적이 아니라 수단일 뿐인 본연의 모습으로 돌아가겠지요.

"당신은 왜 골프를 합니까?"

GOLF DIARY
26

memo

• 똑같은 스윙

멋진 스윙을 만들어 가야 하는 것은 당연하지만, 자신의 고유함을 잃어버린 스윙은 모양은 그럴듯한데 맛이 없는 음식과 같습니다. '있는 그대로의 모습'이 중요한 것은 사랑도 스윙도 마찬가진가 봅니다. '보편적이고 이상적인 모양'의 추구가 나의 특수성과 개성을 잃어버리게 하는 일이라면 다시 생각해봐야 합니다. 레슨도 자기와 같지 않은 조건을 가진 사람에게 자기와 같은 스윙을 막무가내로 이식하려는 레슨은 경계해야 하고요.

우리가 추구해야 할 스윙은 조금은 불완전하지만, 나만의 개성이 살아 넘치는 스윙이어야 합니다. 그런 스윙이 아름답습니다.

20 . .

20 . .

20 . .

20 . .

20 . .

GOLF DIARY

27

memo

20 . .

20 . .

20 . .

20 . .

20 . .

• 해저드가 없는 골프장?

우리는 매일 인생길을 걷습니다. 길 위에서 만나는 모든 것들이 나를 만들어 가는 내 삶입니다.

슬픔은 작게 기쁨은 크게, 고통은 빼고 평온함은 더하고, 사랑은 많이 이별은 적게, 불행은 멀리하고 행복은 가까이. 우리의 삶이 이렇게 흘러가지는 않지요.

오비도 해저드도 벙커도 모두 내 골프가 만들어져 가는 데 필요한 것들입니다. 환희도 좌절도 일탈도 함정도 손을 더럽히는 일도 더러워진 손을 씻는 일도 모두 내 골프가 만들어져 가는 데 없어서는 안 될 일들입니다.

화분의 꽃도 아름답긴 하지만 고속도로 주변 도무지 식물이 자랄 것 같지 않은 시멘트 틈 사이로 피어난 민들레가 가슴 저미도록 아름답습니다. 포기하지 않고 역경을 이겨 이룬 스코어가 더 값진 까닭입니다.

memo

• 실패의 양

어쩌면 우리가 보기 플레이나 싱글 플레이어가 되기 위해서 겪어야 할 실패의 양은 이미 결정된 건지도 모르겠습니다. 나무 밑, 돌 틈, 말뚝 옆, 드라이버로 쳐도 갈까 말까 한 숏 홀, 건드리기만 해도 그린 밖으로 구르는 경사, 클럽을 붙잡는 깊은 러프…. 그런저런 산전과 수전, 공중전까지 다 겪고 '그래, 이런 것쯤이야.' 싶을 때 불쑥 황금빛 스코어 카드를 보게 됩니다. 성취나 성공이라는 것이 실패나 실수의 반대편에 있는 것이 아니라 바로 그 축적의 결과물이라면 골픈들 예외겠습니까?
오늘, 유난히 실수가 잦았거나 말도 안 되는 불운한 상황들이 겹쳤다면 당연한 성장통으로 여기세요. 매도 먼저 맞는 것이 좋다잖아요?

20 . .

20 . .

20 . .

20 . .

20 . .

GOLF DIARY

29

memo

20 . .

20 . .

20 . .

20 . .

20 . .

• 배경

배경에 따라 사람이 달라집니다. 사람은 든든한 친구가 배경이 될 때 용감해지고, 권력이 배경이 되면 호기를 부립니다. 차가운 벽을 배경으로 거짓말이 싹트고, 침침한 술집에서 음모가 무르익지요. 커다란 나무 그늘이 배경이 되면 사람이 선해지고 새들의 노래가 배경이 되면 자신도 모르게 자연을 노래합니다. 나무 곁에서 나무가 되고 꽃 속에서 꽃이 되는 겁니다. 첫새벽 여명 앞에 서면 결연한 투사가 되고 농사짓는 봄의 들판이 배경이 되면 씩씩한 농부의 마음이 됩니다. 지는 노을이 배경이 되면 수행자가 되고 밤하늘 별이 배경이 되면 광활한 우주를 사색하는 철학자가 됩니다.

배경에 따라 사람이 달라집니다. 자연 속에서 있을 때 천진한 웃음도 많아지고, 식욕도 왕성해지고, 관계도 건강해집니다. 사람은 자연이 배경일 때 가장 아름답게 빛납니다. 자연을 배경으로 할 때 사람답습니다. 역시 사람은 자연을 배경으로 살아야 하나 봅니다.

GOLF DIARY
30

memo

• 스피노자 스타일 골프

행복골프학교에 골프를 배우러 오는 많은 사람에게 선생으로서 제가 기울이는 노력은 새로운 무언가를 가르치는 일이 아니라 이미 알고 있는 것들을 '지우는 일'입니다. 우리는 너무 많은 것을 가지고 있고, 또 알고 있습니다. 알고 있는 만큼 실천하지 않으면 '알고 있음'은 바로 짐이 됩니다. '씀'을 전제하지 않은 '가짐'이 삶의 무거운 짐이 되는 것과 같은 원리입니다.
수강생 대부분은 스윙의 불완전함이 가장 큰 고민이라고 찾아옵니다. 그런데 이야기를 나누다 보면 그 불완전한 결핍의 스윙으로도 지금보다 더 향상된 스코어를 낼 수 있다는 사실을 발견합니다.
골프는 모든 조건이 성숙하고 기술이 경지에 오른 후에 즐길 수 있다기보다 모든 것이 모자라는 와중에도 더욱 멋진 결과를 만들어 내는, 인간의 창의적이고 창조적인 능력을 묻는 게임입니다. 우리는 우리의 내면에 그럴 만한 아니 그보다 더 놀라운 능력을 갖추고 있는 존재라는 사실을 잊지 마세요.

20 . .

20 . .

20 . .

20 . .

20 . .

GOLF DIARY

31

memo

20 . .

20 . .

20 . .

20 . .

20 . .

• 산

책 〈마운틴 오디세이〉는 산에 미쳐 산에 살고 산에 죽은 사람의 이야기입니다. 그들의 이야기는 열반을 쫓는 선승의 이야기와 다르지 않고 혁명을 꿈꾸는 게릴라의 삶과 다르지 않고 특정한 분야에서 업을 이룬 장인들의 눈물과 다르지 않습니다.

성공도 하고 싶고, 업적도 세우고 싶고, 돈도 벌고 싶고, 사랑도 하고 싶고, 골프도 잘 치고 싶고…. 어느 하나도 제대로 못 하면서 모든 것을 얻으려 하는 무엇 하나 버릴 생각도 없으면서 갖고 싶은 것은 많은 헛된 바람들을 돌아보게 합니다. 많은 것을 얻으려면 많이 놓아야 하고 더 높이 오르려면 더 많이 비워야 한다는 너무도 평범한 진실을 짙은 감동으로 전합니다. 골프도 다르지 않습니다. 별로 크지는 않지만, 삶의 한 부분을 버리거나 희생해야 오를 수 있는 산, 위로 오르는 산이 아니라 내면으로 깊어져야 오를 수 있는 산, 그런 산입니다.

Golf Diary

February

2월

GOLF DIARY

01

memo

20 . .

20 . .

20 . .

20 . .

20 . .

• 봄을 즐기지 말고, 봄이 오는 소리를 들으라

골프의 세계도 투자의 세계와 마찬가집니다. 굿 샷을 치는 것이 중요한 것이 아니라, 치명적인 실수를 하지 않는 것이 중요합니다. 굿 샷만 날리면 모든 문제가 해결되긴 합니다. 그렇지만 실수가 없는 라운드란 신기루일 뿐이고 현실은 끊임없는 실수의 연속입니다. 오로지 치명적 실수를 줄이는 것에 집중해야 필드에서의 '행복지수'가 올라갑니다.

골프의 불확실성에 대비하는 방법은 꾸준한 연습밖에 없습니다. 연습할 때도 굿 샷을 연습하기보다는 치명적인 실수가 아니면 만족해하는 '마음'을 연습해야 합니다. 그래야 연습이 행복해집니다.

• 발

가만히 생각해보면 발이 참 불쌍합니다. 온갖 궂은일은 도맡아 하면서도 자신의 존재감을 인정받지 못합니다.
손은 화려합니다. 숟가락을 들고, 타이핑을 하고, 악수도 하고 핸드폰으로 날렵하게 문자를 날리면서 사람의 표정을 대신하기도 하고 은밀한 유혹의 수단이 되기도 합니다.
손은 '드러남'입니다. 그렇지만 뿌리인 발은 은근한 조력자, 든든한 버팀목, 음덕의 수행자, 발은 '감춤'입니다.
하지만 적어도 골프에 있어서만은 손보다 발이 더 우선합니다. 적어도 골프에서는 손은 완전한 수동태여야 합니다. 손이 독자적으로 움직이고 손이 독립을 외치면 골프가 어려워집니다. 눈도 믿을 것이 못 되는 골프에 있어서 발의 균형감이나 발의 거리감이 더 믿을 만한 동반자입니다. 적어도 골프에 이르러 발은 저의 존재 의미를 확연히 드러냅니다. 골프를 치고 나면 그날만이라도 발을 많이 만져주고 쓰다듬어주고 보살펴주고 사랑한다고…. 고맙다고 이야기해 주세요.

20 . .

20 . .

20 . .

20 . .

20 . .

GOLF DIARY

03

memo

20 . .

20 . .

20 . .

20 . .

20 . .

• 아버지와의 골프

아버지와 좋은 관계를 맺지 못했기에 아버지를 좋은 모습으로 기억하지 못하는 '나'입니다. 아들은 나를 사랑하고 존경할까요? 나는 어떤 아버지로 기억되고 있는 걸까요?
어머니는 '아들을 소년으로 키울 수는 있지만, 남자로 키울 수는 없다'는데, 돈 버는 기계적 행위 뒤에 숨어서 아버지 역할을 포기한 아버지는 아닌지, 내 아버지의 역할만큼도 못하고 있는 것은 아닌지 불안해집니다.
아내 몰래 아들과 함께 연습장에 가보면 어떨까요? 무심히 구경하던 아들이 '아빠, 나도 한번 해볼래' 할지도 모르잖아요? 그래서 함께 땀 흘리다 보면 '아빠, 시원한 맥주 한잔 사 주세요'라고 말을 걸어올지도 모르고요. 그곳이 아들과 만나는 멋진 장면의 출발이자 내 돌아가신 아버지와의 화해의 시작이 될지도 모릅니다.
나이 든 아버지와 젊은 아들과 함께 푸른 들판을 걷는 꿈에 잠시 젖어봅니다.

memo

• 우쭐대지 마세요

드라이버 좀 잘 친다고 우쭐댈 일도 아니고 짱짱한 드라이버에 기죽을 일도 아닙니다. 아이언 거리 난다고 자랑할 일도 아니고 방향이나 거리에 일관성이 없다고 좌절할 것도 없습니다.
"결국은 숏 게임이다."
맞습니다. 그렇지만 숏 게임 좀 한다고 '동네'에서 설치다가 큰물에 나가서 식겁하는 수가 있습니다. 골프 실력이란 상대적이고 첩첩산중입니다. 좋은 폼 부러워하는 거야 자유지만, 옷차림이 허름하고 폼 좀 허접하다고 우습게 보진 마세요. 허허실실, 알고 보면 그가 진정한 '타짜'일지 모르니까요. 겉모습만 봐선 알 수 없는 일들, 조심스레 겸손한 마음으로 봐야 겨우 보이는 진실들, '골프 세상'에서도 그대로입니다.
골프 좀 친다고 어디서 나부대지 마세요. 골프는 좀 헐렁하지만 '큰' 사람을 만날 수도 있는 겁니다.

20 . .

20 . .

20 . .

20 . .

20 . .

GOLF DIARY

05

memo

20 . .

20 . .

20 . .

20 . .

20 . .

• 비거리에 대한 사회적 합의

골프에 관한 글을 쓰고 골프를 가르치면서 강고한 벽에 부딪히는 듯한 느낌을 자주 받습니다. 사회적인 벽이기도 하고 한 사람 한 사람의 내면의 벽이기도 합니다. 250m를 보내려는 헛된 욕심이 결국은 삐뚤삐뚤 200m도 못 가는 샷이 되어버리고, 애초부터 200m만 보내려고 마음먹으면 어쩌다 250m도 간다는 사실, 우리 모두 알고 있습니다. 마음만 바꿔먹으면 간단하고도 간단한 일입니다. 그렇지만 '마음 바꿔먹기'가 얼마나 어려운 일인가도 우리는 잘 알고 있습니다. 그러니 '연습장에선 안 그런데 필드만 가면…', '빈 스윙은 안 그런데 공만 보면…' 이런 우리의 마음이 그리 간단히 극복될 수 있는 문제가 아니라는 것, 기술과 요령을 몇 가지 배워서 쉽게 해결될 문제가 아니라는 사실을 솔직히 인정하세요. 인정하고 나면 마음이 편해집니다.

memo

• 시선 두기

시선을 가까이 두는 사람의 운전은 불안합니다. 단기적인 교육적 성과에 연연하는 선생님은 잔소리가 많습니다. 부모도 마찬가지지요. 시선을 너무 가까이 두면 스스로는 어지럽고, 관계는 멀미 나고, 일을 대함에 조울증이 생깁니다.
골프에도 환자들 많습니다. 공에 마음을 두는 것보다 스윙에 마음을 두는 것이, 스윙에 마음을 두는 것보다 스코어에 마음을 두는 것이, 스코어보다 골프 그 자체에 마음을 두는 것이, 행복감도 안정감도 큽니다. 그 단순한 진리를 믿는 것, 멀리 보되 당면한 순간순간의 디테일을 놓치지 말아야 한다는 것, 골프에서 꼭 배워야 할 덕목입니다.

20 . .

20 . .

20 . .

20 . .

20 . .

GOLF DIARY
07

memo

20 . .

20 . .

20 . .

20 . .

20 . .

• 혼자 재밌음, 뭐할 겨?

어느 심리학자의 분류에 따르면 인간이 성숙해 가는 단계는 첫째가 '산타클로스를 믿는다'이고 둘째는 '산타클로스를 안 믿는다'랍니다. 그리고 마지막 세 번째 단계는 '스스로 산타클로스가 되는 것'이라는군요. 간혹 어른이 되어서도 동화 속 세상을 사는 사람이 있긴 하지만 대부분 사람은 쉽게 두 번째 단계까지는 성장해 갑니다. 그러면서 첫 단계의 사람을 놀리기도 하지요. 그렇지만 마지막 나눔의 단계로는 좀처럼 나아가지 못합니다. 아직도 '가짐'이 부족해서 나눌 수 없다고도 하고 어떻게 나눠야 하는지를 몰라서 나누지 못한다고도 합니다. 또 어떤 이는 왜 나누어야 하는지를 묻기도 합니다.

농사짓는 작가 전우익 님의 한마디,
"혼자 잘 살믄 무슨 재민 겨?"
이 땅에서 가장 비싼 스포츠를 즐기는 한 사람으로서 더 많은 '사회적 나눔'을 생각해 보십시다.

memo

• 조연

4명이 함께 하는 골프에서 주인공은 누군가요?
나를 제외한 나머지 사람 중 그 누구도 당신의 조연이 되고픈 사람은 없습니다. 4명 모두 파란 하늘 푸른 잔디를 거침없이 제압하는 당찬 주인공이 되고 싶습니다. 드라이버 이야기, 야드 날리고 세컨드 샷을 OB 내는 빛나는 조연들, 롱 홀에서 투온 시켜놓고 4펏을 해대는 조연들, 타이거 우즈도 피해 갈 워터 해저드를 가로지르는 멋진 조연들 덕분에 가끔, 아주 가끔 진짜 주인공이 될 기회가 있긴 하지만 우리는 조연입니다.
골프뿐 아니라 세상사 모든 일이 '나는 조연이다' 생각하면 만사가 순조롭습니다.
무슨 무슨 영화제에서 남녀 주인공에 대한 시상보다 남우 조연상, 여우 조연상에 더 아릿한 감동이 오지 않던가요?

20 . .

20 . .

20 . .

20 . .

20 . .

GOLF DIARY

09

memo

20 . .

20 . .

20 . .

20 . .

20 . .

• 좋은 피드백

의식하든 의식하지 못하든 우리는 누군가와 피드백을 주고받고 있습니다. 양과 질의 차이가 있을 뿐, 주변의 모든 생명은 호흡처럼 피드백을 서로 주고받고 있습니다.

멋진 피드백은 '추임새' 같은 거죠. 노래의 흥을 돋우어주기도 하고, 일의 신명을 더하기도 하는.

반응 없는 노래 부르기, '너 얼마나 잘하나 보자'는 사람들 앞에서 발표, 얼마나 힘든지 아시죠? 이왕 피드백하면서 살아가야 한다면 서로의 생명력을 키워가는 추임새 피드백을 합시다.

말만이 피드백은 아닙니다. 따뜻한 눈빛 한 번이 멋진 피드백일 수 있고, 멀리서 흔들어 주는 가벼운 손짓이 감동적인 피드백일 수 있습니다. 골프장 혹은 연습장에서 지적해 봐야 잘 고쳐지지도 않고 연구해 봐야 답도 없는데 추임새로 신명 나게 홍이나 돋워봄이 어떨는지요!

"잘한다, 굿 샷, 얼쑤!"

자기 자신에게도 격려의 피드백! 절대 잊지 마세요.

memo

• 콩나물과 콩나무

광야로 내보낸 자식은
콩나무가 되었고,
온실로 들여보낸 자식은
콩나물이 되었다.

– 〈콩 씨네 자녀 교육〉 정채봉

이 시는 자녀 교육에 지침이 되는 맛깔스러운 글이자, 교육이 '서비스 산업'이 되어버린 이즈음의 세태를 다시 생각하게 하는 글입니다. 어떤 교육이든 교육이 서비스의 영역이 되면서, 거칠고 투박한 것을 꼭꼭 씹어 삼켜 버릇해서 소화력을 키우기보다 부드럽고 맛있는 것만을 먹기 좋게 보기 좋게 만들어 먹입니다. 결과는 건강이 아니라 비만 혹은 소화력의 상실인 경우가 훨씬 많습니다.

골프도 요령이나 결과적인 모양을 가르쳐서 될 일이 아니라 혼자서 '연습하는 방법'을 알려줄 수 있을 뿐이고 저 홀로 '긴 반복의 터널'을 지난 자만이 드넓은 잔디 위에 당당히 설 수 있을 것입니다.

20 . .

20 . .

20 . .

20 . .

20 . .

GOLF DIARY

11

memo

20 . .

20 . .

20 . .

20 . .

20 . .

• 깨달음에 머물지 마라

우리가 뭔가를 안다고 하는 것은 어떤 조건과 환경 속에서의 '앎'입니다. 우리가 골프에 대해서 안다고 하는 것도 대한민국 품속에서의 골프이지, 40도를 웃도는 기온에서 연습장 매트 같은 것을 끌고 다니면서 치는 사막 골프를 아는 것도 아니고, 모진 바람에 먼지 같은 모래가 날려오고 그 해변의 모래언덕에 생명이 자라서 만들어진 링크스코스에서의 골프를 아는 것도 아니지요.
퍼시먼 클럽으로 공을 치는 것과 티타늄 드라이버로 공을 치는 것이 같을 수 있나요? 스윙 이론도 변하고, 심지어 코스 디자인도 바꿔야 한다는 주장이 나오고 있습니다.
세월을 조금만 거슬러 올라가도 지금 우리가 아는 지식과 경험으로는 해석이 안 되는 일투성이고, 한 치 앞 미래로 가면 지금의 신념과 확신이 그때까지 유효할 것인지도 불분명합니다.
골프를 치다가 '바로 이거야' 하는 느낌이 오더라도 쉬 가르치려 들지 말고 잠시 말을 아끼세요. 그것에 너무 집착하지도 마시고요.

memo

20 . .

첫새벽 안개처럼 사라질 깨달음이고, 그 느낌은 어쩌면 당신이 더 높은 경지로 발전하는 것을 가로막을 '어제의 느낌', 언젠가는 내려놓아야 할 '그때의 그 느낌'일지도 모르니까요.
소소한 앎이나 깨달음에 끌려다니지 않고 그저 하루하루 조금씩이나마 정진해야겠습니다. 정진하다 보면 언젠가 '빵' 하고 사통팔달 도道가 트일 날 오겠지요.

20 . .

20 . .

20 . .

20 . .

GOLF DIARY

13

memo

20 . .

20 . .

20 . .

20 . .

20 . .

• 내 골프에 색깔이 있다

"내 골프에 색깔이 있습니다."
골프와 더불어 세월을 지내다 보면, 누구와 치든 어느 골프장에서 치든, 내 속 깊숙한 곳에서 토해지는 나만의 색채가 있습니다. 습관으로 드러나기도 하고, 스토리로 드러나기도 합니다. 기분으로 나타나기도 하고 장소나 사람에 대한 취향으로 나타나기도 합니다.
"뭔가 있습니다."
감추려 해도 감추기 어렵고 속이려 해도 속일 수 없이 자꾸 드러나는 것. 격식을 갖춰야 하고 이해를 가려야 하는 도회적인 생활에서는 잘 발견되지 않고 감춰져 있던 것들이, 자연과 더불어 원초적인 상태로 돌아가면 경계심이 흐려지면서 비로소 그 모습을 드러냅니다. 고요해지면 보입니다.
이유 없는 경쟁심일 수도 있고 타고난 외로움일지도 모릅니다. 어린 시절의 '어떤 결핍'일 수도 있고 치유를 기다리는 '성장기의 상처'일지도 모르지요.
사실 골프가 아니더라도 깊이가 더하다 보면 드러나지요. 그림을 그려도, 글씨를 써도, 영화를 찍어도, 음악을 해도, 심지어 연

memo

20 . .

애를 하거나 사업을 해도 드러납니다. 어쩔 수 없는 '나'라는 것, 그게 바로 '업業'입니다. 내가 만든 업도 있고 조상으로부터 물려받아서 세포 속에 똬리를 틀고 있는 뿌리 깊은 업도 있지요. 업은 자신의 삶을 구속하는 속박이기도 하고 해결해야 할 숙제이기도 하지만 한편, 잘 승화되면 사명이 되기도 합니다.

'자업자득 업장소멸自業自得 業障消滅.'

업을 찾고 지워가는 길에 골프가 좋은 동무가 되면 좋겠습니다.

20 . .

20 . .

20 . .

20 . .

GOLF DIARY
15

memo

20 . .

20 . .

20 . .

20 . .

20 . .

• 무재의 칠시

OB를 방지하는 가장 좋은 방법은 평소에 복덕을 많이 지어야 한다는 이야기 들어보셨죠. 그래서 OB 말뚝을 향해 날아가던 공이 나무를 맞고 들어오거나 해저드에 들어간 것 같던 공이 가보니 살아 있게 되면 사람들은 '평소에 공덕을 많이 쌓았구먼' 하고 이야기합니다. 웬만큼 골프를 쳐본 사람이라면 다 알고 있는 이야기죠?

복덕을 짓는 최상의 방법은 뭘까요? 불가佛家에서는 아무것도 가진 것이 없는 사람도 할 수 있는 보시행布施行이 있으니 그것을 '무재無財의 칠시七施'라 한다는군요.

첫째는 무거운 물건을 들어준다든지 노약자를 돕는다든지 하는 몸으로 베푸는 일이고,

둘째는 배려하는 마음,

셋째는 따스한 눈길을 베푸는 일이고

넷째는 부드러운 미소로 상대방을 대하는 일이랍니다.

그리고 다섯째는 온화한 말,

여섯째는 자리를 베푸는 것 즉 자리를 양보하는 일이고

memo

마지막 일곱째는 방이나 집을 베푸는 일이 랍니다.

하나하나를 보면 말은 쉽지만, 실행이 그리 만만치는 않습니다. 그런데 가만히 보면 몸을 아끼지 않고 남을 도우면서, 배려하는 마음과 따스한 눈길을 갖고 있고, 언제나 부드러운 목소리와 온화한 미소로 사람을 대하는 이런 사람이 어찌 골프를 못 치겠습니까? 너무 당연한 일이 아닐까요?

20 . .

20 . .

20 . .

20 . .

20 . .

GOLF DIARY

17

memo

20 . .

20 . .

20 . .

20 . .

20 . .

• 불운의 순간

연기자들이 슬프지 않은데 눈물을 흘려야 한다거나 기분이 썩 좋지 않은데 웃어야 하는 곤혹스러운 상황에서 몇 개의 장면을 기억해 놓고 그 장면을 떠올려서 요구되는 기분을 만들기도 한다는 얘길 들은 적이 있습니다. 생각만 하면 슬퍼지는 장면 한두 개를 저장해 놓으면 어떨까요?

OB가 났을 때 그보다 더 슬픈 장면을 떠올리면 OB가 난 상황이라는 것이 아무것도 아닌 것이 돼버릴 것도 같은데 생각만 하면 웃음을 감출 수가 없는 독특한 상황을 기억해 놓는 것은 어떨까요?

골프 칠 때 마주하게 되는 최악의 순간도 누군가에게는 가장 부러운 순간일지 모릅니다. 필드에서 마주치는 지독한 불운의 시간도 누군가의 기막힌 행운의 시간보다 더 나은 시간일지 모릅니다.

memo

• 골프가 내게 무엇인가?

제가 생각하는 골프의 모습이 동그라미라 해도 그렇지 않게 생각하는 사람도 많습니다. 누구는 네모, 누구는 세모라 합니다. 괜찮습니다. 누구의 골프 그림이 본질적인가가 죽고 사는 문제도 아니고 또 꼭 그 모습이 정답이라 할 수 있는 것도 아니지만, 골프의 모습을 어떻게 그리고 있느냐에 따라 샷이 거칠어지기도 하고 부드러워지기도 한다는 건 분명합니다.

마음가짐에 따라 골프가 힘겨워지기도 하고 좋은 친구가 되기도 하는 거죠. 골프가 생계의 수단인 자의 골프와 취미생활인 사람의 골프가 같을 수 없고, 골프가 잃어버려도 되는 손수건 정도일 뿐인 사람과 절대 잃어버려서는 안 되는 명품 가방으로 여기는 사람의 골프가 같을 수 없는 거잖아요?

골프는 원래 무엇이고 내 삶 속에서는 또 무엇인가? 처음 생각한 모습으로부터 많이 벗어나 있다면 그 분명한 이유를 자기 자신에게 설명할 수 있어야 합니다. 스윙을 교정하는 일을 그다음의 일입니다.

20 . .

20 . .

20 . .

20 . .

20 . .

GOLF DIARY

19

memo

20 . .

20 . .

20 . .

20 . .

20 . .

• 상호작용

내가 골프채를 꽉 틀어쥐고 있는 줄 알고 있는데 어느 날 보면 골프채가 나를 붙들고 흔듭니다. 내가 공을 움켜쥐고 있는 줄로 알았는데 어느새 공이 나를 부여잡고 있습니다. 내가 자식을 놓지 못해 안달복달하지만 어쩌면 자식이 내 삶의 흐트러짐을 잡아주고 있습니다. 떨치지 못하는 직장이 짐스러울 때가 있지만 그 일이 나를 성장시키고, 지우려야 지울 수 없는 애달픈 인연이 삶의 나침반이 되기도 합니다. 내가 누군가의 멱살을 잡으면 상대도 내 멱살을 잡듯, 인연이든 직업이든 취미든 물건이든 뭔가를 붙들고 있다는 일, 결코 일방의 행위일 수 없습니다.

내가 골프를 붙들고 있는 줄 알지만, 골프가 나를 붙들고 흔들어대고 있을지도 모릅니다. 서로서로 맞붙들고 뒤엉켜 돌아가는데 '악순환'이 안 되고 '선순환'이 되도록 노력할 밖에요.

memo

• 즐기지 않고서야

'즐거움이 경쟁력'이라는데 연습장에서 연습하는 사람들을 보고 있노라면 '저 사람들이 과연 놀이하는 사람들인가?' 싶습니다. 놀이조차도 놀이로 하지 못하는 우리는 환자입니다. '일도 놀이처럼' 해야 하는 시대를 살고 있으면서 '놀이를 일처럼' 한다는 것은 정말 우스꽝스럽습니다. 즐거워서 연습하고 싶어지고 연습하면 골프가 더 재미있어지는 선순환의 고리를 어떻게 만들어야 할까요?
고통 속에서도 즐거움을 만들어 낼 수 있고, 반복적이고 지겨운 일에도 놀이적인 요소를 부여할 수도 있는 거지요. '즐거움'이란 주어지는 것이 아니라 스스로 만들어 가는 것이니까요.

20 . .

20 . .

20 . .

20 . .

20 . .

GOLF DIARY

21

memo

20 . .

20 . .

20 . .

20 . .

20 . .

• 장비병

'장비병', 일명 '업그레이드병'에 걸린 아마추어들에게 전문 사진작가 이태성은 좋은 사진은 오로지 자기 자신과의 소통에 의해서만 얻을 수 있다고 조언합니다.

장비병에 걸린 골퍼들에게도 고스란히 전해 주고 싶은 이야기이기도 하고 골프라는 행위 전체에도 투영해 볼 수 있는 뜻깊은 이야기가 아닐까 싶습니다. 골프 장비에 대한 '업그레이드병'에 걸린 사람은 거리가 좀 더 나간다거나 방향성과 스핀이 좋아졌다는 메이커의 광고를 견디지 못하고, 골프 자체의 업그레이드병에 걸린 사람은 스코어의 향상과 샷의 기술적 완성에 대한 과도한 집착이 골프의 차분한 성장을 방해합니다.

스코어든 실력이든 골프의 향상에는 골프와의 부드러운 소통이나 골프에의 감성적 접근이 더 중요하다는 생각을 떨칠 수가 없습니다. DSLR 사진기를 사달라고 조르는 아들에게 이 글을 먼저 읽혀야겠습니다.

memo

• 어처구니없는 샷

샷을 하고 나서도 스스로 어처구니없어하는 일이 참 많습니다. 무언가에 홀려서 1%의 가능성도 없는, 프로들조차도 선택하지 않을 고난도 샷을 구사한다든지, 꼭 고려해야 할 사항들을 너무 쉽게 간과하고서는, 머리를 칩니다. 하지만 공은 이미 떠나가고 없습니다. 눈으로 들어오는 정보 중에서 의식으로 파악하는 정보는 불과 10% 밖에 안 된답니다. 귀로 듣는 정보는 더 말할 나위도 없고요. 결국, 우리는 보고 싶은 것만 보고, 듣고 싶은 것만 듣고 있는 셈입니다. 치고 나서 보면 너무도 높은 나무가 치기 전에는 충분히 넘길 수 있는 나무로 보이고, 간단히 넘길 수 있을 것으로 보였던 워터 해저드에 기어코 공을 빠뜨리고 나서야 그 크기를 실감하게 되는 것은, 긴장이 정상적인 사고를 막고, 욕심에 눈이 멀기 때문입니다.

'평상심平常心.'

마음이 잔잔한 호수와 같아야 사건과 사물이 있는 그대로의 모습을 드러냅니다. 그래야 실수를 조금이나마 줄일 수 있습니다.

20 . .

20 . .

20 . .

20 . .

20 . .

memo

20 . .

20 . .

20 . .

20 . .

20 . .

• 누구와 골프 치시나요?

골프를 괴로워하는 사람들에게 물어봅니다. '평소에 누구와 골프를 치느냐'고! 너무 편한 친구들하고만 어울리는 골프는 규범을 잃어버릴 염려가 있고 사업상의 골프는 진정성이 떨어지기 쉽습니다. 자신의 골프가 집중력이 부족하다 싶으면 예의나 격식을 갖춰야 하는 분들을 모시고 해본다거나 골프가 너무 짐스럽게 느껴진다면 스코어가 아니어도 함께한다는 사실 자체가 즐거운 사람들과 라운드해 보세요.
골프도 사람으로 인해 망치기도 하지만 사람으로 인해 치유되기도 합니다.

memo

• 나를 표현하는 세 글자

거북이, 밤송이, 옹달샘, 소나무, 비타민, 가마솥, 지리산, 수도승….
나를 세 단어로 축약하는 것을 한 번 해보세요. 지금의 나와 내가 되고 싶은 것을 표현하는 것 사이를 생각이 끊임없이 오고 갑니다. 세 단어든 네 단어든, 지금의 나와, 되고 싶은 나를 어떤 '상징'으로 표현하고 보면 삶에 돋보기 같은 역할을 하게 되겠지요. 또한 '상징'은 캄캄한 삶의 바다에서 나침반이 되어 주기도 할 겁니다. 한번 해보시죠.
닮고 싶은 골퍼가 있나요. 체격 조건이 비슷한 사람으로 모델을 하나 정하세요. 꼭 프로여야 하는 것도 아닙니다. 멋진 선배여도 좋고, 친구라도 상관없습니다. 끊임없이 보고 또 보세요. 그런데 제발 스윙만 보지 말고, 라운드하는 모습, 의상, 미소, 매너, 연습 습관, 프리 샷 루틴, 심지어 생활의 모습까지도 흉내를 내보세요. 그러다 보면 어느새 스윙도 스코어도 닮아가겠지요.

20 . .

20 . .

20 . .

20 . .

20 . .

FEBRUARY

GOLF DIARY

25

memo

20 . .

20 . .

20 . .

20 . .

20 . .

• 가까이 있는 것이 먼 것을 설명한다

지금의 역경이나 곤궁도 어쩌면 아주 작은 것으로부터 비롯되었습니다. 행복도 성취도 그렇겠지요. 겨자씨가 겨자나무 숲이 되고 하나의 호박 속에 있던 씨들이 수많은 호박으로 여물어 호박죽도 되고 호박전도 되어 우리 입으로 들어옵니다. 아주 작은 징조가 어느 날의 골프를 풍성하게 하고 순간의 방심이 완전히 골프를 망치기도 합니다.

작고 사소한 일들의 중요성을 깨우쳐주는 일들이 끊임없이 계속되고 있는데 우린 여전히 크고 화려한 쪽으로 마음이 갑니다.

누군가 테레사 수녀에게 물었습니다. "어찌 그리 많은 사람을 도울 수 있었습니까?" 그녀는 "그저 내 눈앞에 있는 단 한 사람을 도왔을 뿐"이라고 대답합니다.

가까운 것이 먼 것을 설명한다! 가까이 있는 공이 멀리 있는 홀컵을 혹은 스코어를 설명한다? 마음 깊이 담아둘 이야기입니다.

memo

• 배우고 싶은 꿈

우리는 어떤 일을 하면서 이미 너무 많이 알고 있다거나 배움의 여정에 끝이 안 보인다고 너무 빨리 지쳐 버리는 것은 아닐까요. 마흔에 골프를 시작했다고 하더라도 30년이나 배우면서 즐길 시간이 있고 배움 그 자체가 즐거움이라면 골프는 우리에게 얼마나 큰 삶의 여백을 주는 것입니까?

20 . .

20 . .

20 . .

20 . .

20 . .

GOLF DIARY

27

memo

20 . .

20 . .

20 . .

20 . .

20 . .

• 벌레만도 못한

찬바람과 함께 자취를 감추는 곤충들 그들은 모두 어디로 가는 것일까? 혹독하게 추운 겨울에도 생태계의 순환은 멈추지 않는다. 그저 삶의 한 기복이고 잠시 견디면 되는 시기다. 그래서 곤충들은 나름대로의 지혜를 발휘해 추위를 피하며 봄이 오기를 묵묵히 기다린다. 눈에 보이지 않으면 잘 믿지 않는 사람들만이 겨울은 곤충이 없는 계절이라고 생각할 뿐이다.

- 조영권의 〈벌레만도 못하다고?〉 중에서

지구의 청소부, 숲의 간벌꾼, 생태계의 조절자 등의 별명으로 불리는 곤충들은 사라진 것이 아니라 나뭇잎 밑에서 나무 속에서 혹은 바위틈에서 혹독한 겨울을 견디고 있답니다.

'벌레만도 못한 놈'이라고들 하지만 조영권님의 책 〈벌레만도 못하다고?〉를 읽고 보니 벌레만 한 사람을 찾기가 더 힘들어 보입니다.

징그러운 애벌레들이 물고기의 먹거리면서 한편으로 물을 정화하고 낙엽을 갉아먹고 똥을 치우고…. 가까이하기 싫어하고 혐

memo

20 . .

20 . .

20 . .

20 . .

20 . .

오스러워하는 그것들이 후미진 구석에서 묵묵히 자신의 소명을 다하면서 지구의 생명을 지탱하고 있습니다. 차라리 곤충들의 행성에 인간이 빌붙어 살고 있다는 것이 더 합당할지도 모르겠습니다.

더욱이 장엄한 것은 우리가 눈으로 보는 곤충 대부분은 삶의 막바지에 이르러 짝짓기를 위해 잠시 지상으로 나온 가장 화려한 순간이라는 겁니다. 하루를 산다는 하루살이도 번데기와 애벌레의 시간이 짧게는 1년 길게는 3년이나 된다니…. 뭔가를 이루기 위해 견뎌야 할 인고의 시간, 벌레들만큼은 하고서 이러쿵저러쿵 떠들어야 하는 거 아닌가 싶네요. 골프도 말이죠!

March

3월

memo

20 . .

20 . .

20 . .

20 . .

20 . .

• 트렌드는 깊이를 이기지 못한다

숨 가쁘게 돌아가는 광고를 보고 있으면 그들의 번뜩이는 총기에 절로 탄성이 나옵니다. 모든 광고가 그런 것은 아니지만 고개가 끄떡여지도록 공감이 되는 광고를 보고 있노라면 삶에 대한 깊은 성찰이 느껴집니다.

기술이나 재능으로 하는 골프가 아니라 삶의 깊이로 익어가는 골프를 하고 싶습니다. 그런 골퍼를 만나는 기쁨을 누리고 싶습니다.

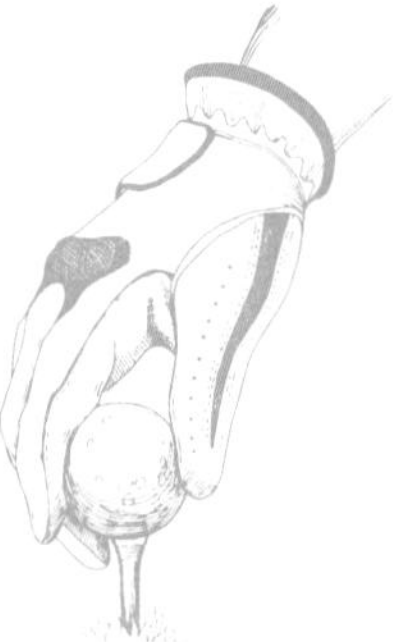

• **편재**偏才

서 있는 자리가 골프를 잘하려는 사람들이 모여드는 곳이다 보니 골프에 관한 한 다양한 풍경을 마주하게 됩니다. 요즘은 잘나가고 싶은 사람들도 많이 하지만 골프는 소위 잘나가는 사람들이 하는 운동이었습니다. 어떤 분야에서 성공을 이룬 사람들의 특징은 골프도 그만큼 잘해야 한다는 나름의 강박감이 몸에 배어 있습니다. 골프를 그저 사람과 어울리는 놀이로 보질 못하고 신규사업이나 꼭 성사되어야 할 거래로 여기는 듯합니다. 골프마저 그런 시각으로 보면 다른 일들이나 사람과의 관계는 어떨까 싶어 아득합니다.

또 다른 한편에서는 그가 얼마나 가치 있는 일을 하고, 뜻있는 생각을 하고 있는지는 알지 못한 채 골프에서의 조그만 성취로 그렇지 못한 '미성취'나 '불성취'를 은근히 낮춰보는 꼴들도 보입니다. 천재는 편재일 뿐이고 성공은 그저 한 분야에서의 성공일 뿐인데 말이죠. 터무니없는 일반화나 근거도 없는 오만이 때론 참 두렵습니다.

20 . .

20 . .

20 . .

20 . .

20 . .

memo

20 . .

20 . .

20 . .

20 . .

20 . .

• 바꾸시렵니까?

80세가 된 수백억의 부자가 당신과 삶을 통째로 바꾸자고 하면 그리하시겠습니까? 생활이 너무도 곤궁해서 하루하루가 힘겨운 사람조차도 그리 쉽게 결정하기는 어려운 문제일 것입니다. 수백억을 가진 장님이 당신과 삶을 통째로 바꾸자고 하면 그리하시겠습니까? 보통 사람도 쉬 결정하기 어렵겠지만 골프에 깊숙이 발을 담그고 있는 사람이라면 그리하기가 더욱 쉽지 않을 것입니다. 그렇다면 우리는 투덜거리며 하루를 살고 있긴 하지만 수백억 원짜리 삶을 사는 것이고, 여기저기 슬슬 아프고 쑤셔오기는 하지만 여전히 골프를 칠 만큼은 쓸모가 있는, 돈으로 환산하기 어려운 '건강'을 가진 셈입니다. 그저 감사할 따름입니다.

memo

MARCH

• 부러운 골프

20 . .

초보 골퍼들에게 물었습니다. 골퍼로서 부러운 것이 무엇이냐고. 드라이버 280야드 쭉쭉 빵빵에 세컨 샷 핀에 팍팍, 퍼팅 쏙쏙, 회원권도 있고, 언제나 마음만 먹으면 필드에 나갈 수 있는 '왕 싱글'이 부럽다고 하더군요.

20 . .

그래서 그런 삶을 사는 사람에게 물었습니다. 사람들이 부러워하는 삶은 어떠냐고.

오늘도 할 수 있고 내일도 할 수 있는 골프 그다지 흥미롭지 않다고 함께할 수 있는 사람도 점점 줄어든다고, 없는 돈에 바쁜 시간을 쪼개서 친구들과 어울리던 그 시절이 그립다고, 눈 감으면 공이 떠오르고 길가의 풀을 봐도 필드가 아른거리고, 필드에 나간다는 사실만으로 가슴 벅찼던 초보 시절, 노력하면 하는 만큼 조금씩이나마 실력이 향상되던 보기플레이어 시절 그 재미가 그립다고.

20 . .

20 . .

지금 당신이 서 있는 이 자리! 누군가가 너무나 부러워하고 있는 바로 그 자리일 겁니다. 그러니 지금, 이 순간을 최대한 즐기세요. 부러워하다 보면 앗! 하고 지나쳐버릴지도 모르니까요.

20 . .

GOLF DIARY

05

memo

20 . .

20 . .

20 . .

20 . .

20 . .

• 눈

한때 이런 생각을 해봤습니다.
"애초에 눈은 뭔가를 꼼꼼히 보고서 따지고 분석하기 위해 만들어진 감각기관이 아니다."
한없이 나약하고 자연의 거대한 힘을 경외해야 했던 시절에 인간은 생존이 가장 중요한 문제였습니다. '쫓아가야 하나', '도망쳐야 하나'를 순식간에 판단하지 않으면 살아남을 수 없는 시절의 습관이 지금까지도 여전한 거 아닐까요? 눈은 이성적인 판단보다는 직관의 뇌에 직결되어 있어서 순식간에 보고 의사결정을 하는 데 익숙합니다. 그러니 잘못 판단할 수 있지요. 하지만 판단을 하느라 시간을 끌다 생기는 비극에 비하면 잘못된 판단이라는 것, 얼마든지 용서가 된다는 거지요.
눈은 보고 싶은 것만 보고 관심 있는 쪽으로만 돌아가고 보고도 못 본 척하고 봐 놓고도 금방 잊고 흥분하면 좁아지고 피곤하면 흐려지고…. 가까이 보이던 그린이 어느 날은 멀어 보이고 멀쩡한 홀컵이 커 보이는 날이 있고 유난히 작아 보이기도 하고 오르막이 내리막 같고 내리막이 오르막 같고….

memo

20 . .

20 . .

20 . .

20 . .

20 . .

골프는 변덕스러운 눈과 하는 끊임없는 싸움입니다. 눈으로 본 것을 일단 의심하는 버릇, 골프에서는 필수적입니다.

20년 골프의 노하우 하나 알려드릴까요? 골프에 있어 정말 거짓이 없고 한결같은 감각기관은 '발'입니다. 발의 거리감과 발의 평형감을 믿으세요. 눈으로 읽고 느끼는 것보다 온몸으로 부딪치며 깨우치는 것이 더 빠르고, 진하고, 정확하고, 오래간다는 거! 다들 살면서 깨달아 가고 있는 '진리' 아닌가요? 그 진리! 골프를 하면서도 잊지 마세요.

memo

20 . .

20 . .

20 . .

20 . .

20 . .

• 스윙은 변한다

종이를 한 장 꺼내 보세요.
요즘 제일 잘 되는 샷이 무엇인지 적어보세요. 가장 충성스러운 클럽이 무엇인지도 적어보시고, 연습장에서는 그런대로 되는데 필드만 나가면 속을 썩이는 클럽이나 샷의 종류도 적으세요. 또 지금 내 스윙에서 가장 마음에 들지 않는 부분을 적어보세요. 그리고 잠시 눈을 감고 묵상을 하면서 3개월 전으로 돌아가 봅니다.
3개월 전 제일 잘 되었던 샷이 무엇이었던가를 적어보세요.
그때 가장 충성스러운 클럽이 무엇인지도 적어보시고 연습장에서는 그런대로 되는데 필드만 나가면 속을 썩였던 클럽이나 샷의 종류도 적으세요. 또 그때 자신의 스윙에서 가장 마음에 들지 않는 부분을 적어보세요.
어떤가요? 지금과 3개월 전, 같은 것이 하나라도 있나요? 지금으로부터 3개월 후는 어떨까요? 실은 3개월이 아니라 하루가 멀다고 우리의 스윙은 변화하고 있습니다. 아니 좀 더 냉정하게 이야기하자면 매 순간 변하고 있지요.

memo

20 . .

20 . .

20 . .

20 . .

20 . .

골프는 '고정불변의 스윙'으로 하는 게임이 아니라 '시시각각 변하는 불확실한 스윙'으로 즐기는 게임이라는 사실을 빨리 눈치채고 수용하는 사람이 고생을 덜 합니다. 그런데 바로 그 '스윙의 불확실성'이 게임을 더욱 흥미진진하게 만드는 요소이자, 우리를 미치도록 만드는 '골프의 깊~은 매력'입니다. 단지 '꾸준한 연습'이 그 변화의 폭을 조금 줄여주고, '마음의 평화'가 샷을 조금 더 일관되게 해 줄 수 있을 뿐이지요.

memo

20 . .

20 . .

20 . .

20 . .

20 . .

• 파

'파'는 날카로운 금속음, 시원하게 허공을 가르는 드라이버, 주어진 질서와 고정된 형식적 틀을 혁파革罷하는 '파'고, 움푹 파이는 디봇, 거친 대지에 파종播種하는 '파'고 아득한 그린, 저 홀로 펄럭이는 깃발, 외롭게 홀컵을 지키는 파수把守의 '파'입니다.
파Pa는 끝없는 도전 열정 Passion의 파Pa고 살아 있는 생을 만끽하는 Party의 파Pa고 더불어 함께하는 Partner의 파Pa지요.
그래서 우리는 파Par를 하려고 불나방처럼 덤비나 봅니다. 인생의 파~ 많이들 하세요.

memo

• 70%만 쓰고 살기

가진 힘의 70%만 써야 하는 것은 골프만의 일이 아닙니다. 생각해보면 우리는 '너무' 최선을 다해서 살고 있습니다. 조직의 생리가, 세상의 속도가 용서하지 않는다면서 가진 능력 100%를 다 쓰는 것으로도 모자라서 120, 130%를 쓰고 살고 있지요. 그러다 보니 성찰의 시간을 놓치고, 목적과 수단이 전도되어버리니 사람을 잃습니다. 방향 수정을 위한 반성도 재충전을 위한 휴식도 놓고 가다 보면 결국은 '나'도 잃어버리겠지요.
골프에서 힘 빼기가 안 되는 것은 삶에서의 전력 질주 땜에 그런 겁니다. 일상의 삶에서 힘이 빠지지 않아 그런 겁니다. 천천히 살아요. 우리 가진 것의 70%만 쓰고 능력의 70%만 쓰고 살아요. 나머지는 자기 내면으로 향하도록 해요, 우리! 그래야 더 큰 에너지로 살아갈 수 있습니다. 그래야 스윙도 부드러워집니다.

20 . .

20 . .

20 . .

20 . .

20 . .

memo

20 . .

20 . .

20 . .

20 . .

20 . .

• 자작나무

우리나라 골프장 중에서 자작나무숲이 아름답기로는 '백암CC'가 단연 으뜸입니다. 지금은 '비에이비스타CC'로 바뀌었지만, 옛 이름이 훨씬 좋습니다. 그리고 그 이름이었을 때가 더 운치 있었습니다.
흰 바위가 많아서 백암이라는데, 하얀 바위와 눈부신 자작나무의 조화는 삶의 시름이나 골프를 잠시 내려놓기에 충분합니다. 피부를 스치는 바람이 차가워지면서 나무들이 짐을 내려놓고 뜨거웠던 심장과 들떴던 머리가 현실의 온도로 돌아가는 늦은 가을이 '백암의 자작'을 즐기기에는 더없이 좋은 시간입니다.
올해가 가기 전에 백암에 한번 가봐야겠습니다. 외롭고 슬퍼서 아름다운 경치에 취하다, 취하다 보면, 문득, '그분'을 뵙게 될지도 모르니까요. 그게 아니면 자작나무숲 쪽으로 슬쩍 OB를 내고 못다 한 사랑 노래를 쓸 수피라도 벗겨 오든지요.

memo

• 등대

바다를 항해할 때 등대가 중요하지요. 사막을 여행할 때는 북극성이 중요합니다. 배를 노 저어 갈 때 그렇습니다. 어디로 가야 하는지 의식 속에서 분명한 지향점을 놓치면 배는 뒤뚱거림이 많아지면서 전혀 엉뚱한 곳을 향하게 됩니다.

오래도록 골프를 하다 보니 골프 실력의 향상은 잔기술들의 연마나 스윙에 대한 아주 지엽적인 개선보다는 '골프란 무엇인가?'라는 아주 근원적인 물음에 대해 자기 나름의 새로운 해석이나 답을 내릴 수 있을 때 성큼 성장했던 것 같습니다. 이왕 해야 할 골프라면 골프를 시작했을 때의 '첫 마음'과 '골프란 무엇인가?'라는 물음을 화두처럼 붙들고 가세요. 골프를 성장시킬 힘은 바로 거기서 나옵니다. 물음을 잃고 목표를 잃어버리면 골프가 허접해집니다.

20 . .

20 . .

20 . .

20 . .

20 . .

memo

20 . .

20 . .

20 . .

20 . .

20 . .

• 눈에서 멀어지면

눈에서 멀어지면 마음까지 멀어지는 것 아니었던가요?
눈에 보이지 않아 마음 졸이고, 눈에서 멀어지면 속을 태우고, 누군가 나를 바라보고 있어야 안심이 되고, 내가 그 누군가의 눈에서 사라질까 근심하고, 더 눈에 잘 띄려 애를 쓰고. 진정으로 안다는 것은 눈이 아는 바가 아니죠. 눈의 기억력이란 참 믿을 만한 것이 못 되는 거죠. 마음속에 깊이 새겨진 것만이 진정한 기억이고, 오래도록 흐려지지 않을 정확한 기억이라는 거죠.
우린 시공을 초월한 기억들을 가지고 살고 있습니다. 어머니의 따스한 품, 고향의 향기, 아무런 이해관계가 없던 시절의 친구…. 거리가 멀어지고 시간이 흘러도 더욱 생생해지는, '참'이란 단어를 붙여도 좋을, 수많은 감정과 기억들을 우리는 품고 살고 있습니다. 더 늦기 전에 사람이든 자연이든, 그 무엇이든 보지 않아도 느낄 수 있고 만지지 않아도 너무 생생한, 그런 기억을 가꾸며 살아야겠습니다. 골프도 그랬으면 좋겠습니다.

• 다람쥐

내게 선뜻 다가온 누군가는 새 같은 사람일 겁니다. 언제라도 쉬 날아갈 수 있으니 쉬 다가서는 거지요. 누군가 근처를 맴돌면서도 일정한 거리를 좁히고 있지 못하다면 그는 꼭 다람쥐같이 연약하고 힘없는 상태의 사람일지 모릅니다. 당신이 먼저 다가가야 할 것이고 대단히 조심스러워야 할 겁니다.

슬그머니 다가와서 있는 듯 없는 듯 똬리를 트는 사람은 맹독의 자신감을 가진 사람입니다. 오거나 가거나 별 신경을 쓰지 않고 자신의 길을 묵묵히 가는 사람, 친해지기는 어렵지만 한 번 친해지면 오래가는 덩치가 큰 소 혹은 코끼리 같은 사람? 사나운 개는 큰 소리로 짖지 않습니다.

골프의 동반자를 고를 때나 내기 골프의 상대를 감별할 때 참고하세요. 그런데, 당신은 어떤 사람인가요?

20 . .

20 . .

20 . .

20 . .

20 . .

GOLF DIARY

15

memo

MARCH

20 . .

20 . .

20 . .

20 . .

20 . .

• 바람이 불어도

연암 박지원의 열하일기를 보면 "옛사람이 위태로운 것을 말할 제, 소경이 애꾸 말을 타고 한밤중에 깊은 물가에 섰는 것이라 했지요."라고 수역 홍명복이 이야기하자, 연암은 "소경의 눈에는 위태로운 바가 보이지 않는데 대체 뭐가 위태롭다는 말이오?"라고 묻습니다.

드라이빙레인지보다 더 넓은 페어웨이가 펼쳐져 있어도 OB 말뚝이 시선에 들어오는 순간 몸은 긴장합니다. 큰 호수가 앞에 있어도 잘라서 가면 아무 일 없는데 기어코 넘기려는 욕심이 없는 위험도 만들어 냅니다. 아무리 드라이버를 날려도 거기까지 가지도 않는데 왼쪽 절벽이 스윙을 주눅 들게 하고 오른쪽 벼랑이 손목을 굳게 만듭니다. 모든 것이 눈에 속는 것이고 마음이 일으키는 장애입니다. 스윙의 완전함만으로는 건널 수 없는 강이 우리 앞에 놓여 있습니다. 그 강은 스스로를 낮추고 비울 줄 아는 사람에게는 쉬운 강이지만, 그렇지 못한 사람에게는 너무도 넓고 깊은 강입니다.

골프는 강입니다.

memo

MARCH

• **독소** 獨笑

드라이버 거리가 나면 아이언이 안 되고, 아이언이 되면 숏 게임이 안 되고, 숏 게임이 되면 퍼터가 안 되고, 샷이 두루 되는 날은 날씨가 안 좋고, 날씨가 좋으면 골프장이 엉망이고, 골프장이 웬만하면 동반자나 캐디가 말썽이고, 조건이 다 갖춰지면 돈이 없고, 실력도 되고 돈도 있는데 열정이 없고, 열정은 있는데 건강이 허락하질 않고, 건강은 넘치는데 불러주는 친구가 없고, 세상의 골프가 다 그런 걸…. 그저 담담히 웃을 뿐입니다.

20 . .

20 . .

20 . .

20 . .

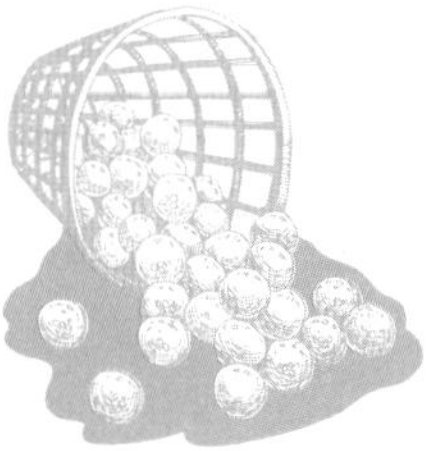

20 . .

memo

20 . .

20 . .

20 . .

20 . .

20 . .

• 지금 내가 떠도는 것은

샷이 안정되기를 갈구하지만 길은 멀어만 보입니다. 평온한 골프를 꿈꾸어 보지만 아무도 부르지도 기다리지도 않는 골프장 구석구석을 오늘도 헤매고 다닙니다. 안정된 삶을 희망하지만, 도무지 안정될 기미를 보이지 않습니다. 한고비 넘었다 싶으면 더 큰 산이 앞을 가로막고 잠잠해지나 싶던 파도는 어느새 더 큰 파도로 밀려옵니다. 얼마나 아름답고 진실한 '끝'을 보려고 우리의 일상은 이리도 고단한 것인지? 골프는 또 얼마나 멋진 깨달음을 주려고 늦은 밤 집으로 돌아가지도 못하게 우리를 붙드는 것인지?

안정보다는 방황이 안주하기보다는 도전하는 것이 '확신'보다는 '물음'이 세상 만물의 더 본래의 모습이면서 '희망'이라고 힘겨웠던 하루를 달래 봅니다.

• 소리

세상이 소리로 가득하지만 모든 사람에게 소리가 공평하지는 않은 게지요. 마음이 평온한 자에게 들리는 소리가 있고 기쁜 사람, 슬픈 사람에게 들리는 소리가 다를 겁니다. 매미의 일생을 조금이라도 아는 사람이라면 그 소리가 생명의 찬란함이나 생의 환희를 노래하는 게 아닐 것이라는 데 그리 반대는 안 하실 겁니다. 시 〈매미들〉을 지은 이면우 시인의 이야기대로라면 매미 소리는 울고 싶은 사람에게 들리는 대신 울어주는 소리입니다.
골프 치러 가서 함 보세요. 매미 소리가 유난스럽게 느껴지는 것은 OB를 낸 다음일 겁니다. 사실 요즘 제가 울고 싶은 세월을 살고 있기는 합니다.

memo

20 . .

20 . .

20 . .

20 . .

20 . .

memo

20 . .

20 . .

20 . .

20 . .

20 . .

• 나이 들어 아름다운 것

나이가 드니 '몸이 하는 이야기'를 들을 수 있어 좋습니다. 점점 몸의 요구를 무시할 수 없어지죠.

이제까지의 삶이 생각이나 희망이나 꿈이나 욕망이 이끄는 대로 살아온, 천방지축으로 마음이 날뛰고 몸이 얼마든지 그것을 뒷받침해 줄 수 있었던 그야말로 '마음 중심의 삶'이었다면, 나이 듦이란 '몸 중심의 삶'을 의미합니다. 아니 더욱 정확히 이야기하자면 몸의 요구와 마음의 요구가 나름 균형을 이룬 상태라고나 할까요?

아무리 맛난 음식이라도 과식을 하면 몸을 버리게 되고 결국 그 맛난 음식조차 지속해서 먹을 수 없게 된다는 걸, 아무리 재미있는 골프라도 무리하면 더는 즐길 수 없는 상태가 된다는 지혜를 몸이 먼저 깨닫게 된 것이지요.

어쩔 수 없이, 젊은 사람은 젊은 사람의 골프가 있는 것이고 나이 든 사람은 나이 든 사람의 골프가 있나 봅니다. 애써 가르친다고, 무작정 배우려 덤빈다고 되는 일이 아니고 나이가 들고 시간이 흘러야 비로소 알게 되는 깨달음이 분명 있는 것 같습니다.

memo

• 손

20 . .

손을 가만히 봅니다. 참 못생겼습니다. 여기저기가 그립에 쓸렸습니다. 물집이 잡히고 아물기 전에 또 물집이 잡히면서 이제는 굳은살이 산이 되었습니다.
한동안 선뜻 손을 내기가 쑥스러웠습니다. 거칠고 나이보다 더 나이 든 손! 생각해보면 아버지의 손이 그랬습니다. 그 손에 이끌려 낚시를 갔던 어린 시절 이후, 어른이 되어서는 한 번도 따뜻하게 잡아드리지 못했던 손. 진심으로 마음을 다해 잡았을 때는 점점 식어가고 있었습니다.
얼굴이 그 사람이 살아온 결과를 드러낸다면 손은 그 삶의 과정을 완전히 드러냅니다. 아무리 골프를 잘 친다 못 친다 떠들어도 손을 보면 압니다. 입으로는 속일 수 있어도 손은 거짓말을 못 합니다. 골프를 대함에서 게으름도 감추지 못하지만, 그의 고단하고 수고로웠을 연습의 과정도 감추지 못합니다. 내기 골프 들어가기 전에 동반자의 손을 꼭 보세요!

20 . .

20 . .

20 . .

20 . .

memo

20 . .

20 . .

20 . .

20 . .

20 . .

• 쉿! 다 듣고 있습니다

"쉿!"

불평이나 불만을 함부로 이야기하지 마세요. 아무도 모르게 혼잣말로 이야기해도 나무도 새들도 잔디도 심지어 공이나 벌레들까지도 다 듣고 있습니다. 슬픔이나 고통도 함부로 털어놓지 마세요. 입 밖으로 나오는 순간, 호수에 파문이 일듯 세상을 향해 퍼져가고, 결국 더 많은 슬픔과 고통의 바이러스들이 몰려옵니다.

"생각이나 말은 에너지입니다."

비슷한 감정과 상황을 끌어당기는 힘이 있지요. 보기에 따라 세상은 불편하고 불만스러운 일투성이지만 어찌 보면 감사해야 할 일들로 가득합니다. 행과 불행, 긍정과 부정, 불평과 감사, 자신을 어떤 기운들 속에 둘 것인가는 순전히 자신의 의지에 따를 뿐입니다.

memo

MARCH

• 쉬엄쉬엄

辵

쉬엄쉬엄 갈 착.

우리가 흔히 쓰는 책받침(辶)의 원래 글자랍니다. 가다 쉬다, 가다 쉬다를 반복한다는 뜻이었는데 쉬엄쉬엄 갈 '착'으로 의미가 굳어졌다는군요. 뜻도 모양도 너무 예쁘지 않나요? 뜻을 알고 책받침(辶)이 들어간 글자들을 다시 보니 의미가 새삼스럽습니다.

道 도를 닦든 길을 가든 천천히

通 뭔가 통하려면 천천히

達 어딘가 경지에 이르려면 천천히

連 맺고 끊음도 천천히

造 뭔가를 만들고 이루는 것도 쉬엄쉬엄

골프를 연습하고 즐기는 데 이만한 함축적인 단어가 또 있을까 싶습니다.

골푸즉착 汨飄即辵이라.

골몰할 골汨, 바람에 흔들리는 모양 푸飄.

엄정나게 몰입하고 열중하지만 언제나 흔들리는 골푸! 천천히 쉬엄쉬엄 가시자고요.

20 . .

20 . .

20 . .

20 . .

20 . .

memo

20 . .

20 . .

20 . .

20 . .

20 . .

• 고요

첫 티 샷을 앞두고 차례를 기다리다, 카트 도로 아스팔트 사이를 비집고 나온 민들레를 봅니다. 골프장에서 아무도 반기지도 않을 '네가 여기 웬일이냐?' 반갑기도 하고, 하필이면 '이 어려운 자리에 뿌리를 내렸니!' 가엽기도 합니다. 그저 불만 없이 삶의 조건을 인정하는 것이 기특하기도 하고, 눈에 잘 띄지 않는 곳에 있어서 그나마 생명은 부지할 수 있으리라 생각하니 안심됩니다.

자연은 그렇게 우리에게 많은 것을 알려줍니다. 자연 속에 그냥 있는 것만으로도 큰 위안이 되지만 자연 속에 있음이 공부가 되려면 '고요해져야 합니다.' 자연은 소리로, 향으로, 영상으로, 많은 이야기를 해 주지만 마음이 평온하지 못하면 아무것도 들을 수 없습니다. 필드에서의 5시간 소홀하게 생각하지 마세요. 마음이 고요해지면 스코어나 우정보다 더 값진 것을 얻을 수 있습니다.

memo

• 순응성

에스키모들에게는 '내일'이라는 단어가 아예 없답니다. 하루를 살아내기에도 급급한 삶의 조건이 내일에 대해 생각할 겨를조차 앗아 가버린 거죠. 태평양의 섬나라 사람들은 '바다'를 표현하는 형용사가 엄청나게 발달해 있다는군요. 바다의 표정을 읽고 살피는 일이 생존과도 직결된 문제라서 그렇겠지요.

함께하는 사람과 사물이 나를 만들고 내가 하는 일이 또한 나를 만듭니다.

내가 골프를 즐기는 것이긴 하지만 골프가 나를 만들고 있고 함께 골프를 하는 사람들이 나를 만들고 있기도 합니다. 나를 순화시키는 동반자가 있고, 그렇지 않은 동반자가 있습니다. 나를 정화하는 골프장이 있고, 그렇지 않은 골프장이 있습니다.

그러니 골프! 아무 데서나 아무하고 할 일이 아닙니다. 이왕이면 '영혼의 성장'에 도움이 되거나 '깊이를 더해주는 쪽'을 선택합시다.

20 . .

20 . .

20 . .

20 . .

20 . .

memo

20 . .

20 . .

20 . .

20 . .

20 . .

• 역전 식당

하지현 작가는 〈도시 심리학〉에서 현대인들의 관계를 '역전驛前의 식당'에 비유합니다. 다시 올 가능성이 희박한 뜨내기들만 드나드는 역전 식당에서는 그저 목 좋은 곳에 자리 잡고 적당한 가격과 신속한 서비스만 제공하면 되듯이 현대인의 관계도 그렇다는 거죠.

업무상 만남이든 온라인상에서의 만남이든 이 사람 저 사람 관계는 많이 맺지만 정작 진정한 관계라 부를 수 있는 것은 점점 줄어들고 있다는 거죠.

휴대폰에 몇 명의 전화번호가 입력되어 있으세요?

그 숫자의 주인공들 실은 어려움에도 불구하고 '잘 된다'고 허풍을 떨면 도와주거나 조그만 투자로 이익을 나누자는 사람, 많을지도 모릅니다.

어려워서 '정말 어렵다'라고 이야기하면 그걸 나눌 사람 몇이나 되세요? 아니 남이 아니라 자신에게 물어본다면, 기꺼이 그 어려움에 동참하고픈 사람은 또 몇이나 되는가요?

내 맘이 그렇지 못한데 남의 마음 야속해

memo

한들 뭐하겠습니까! 질적으로 모자란 것을 양적으로 충당하려는 노력이 '시대의 대세'임은 부정할 수 없지만, 진정으로 힘이 있는 관계는 온라인이라기보다는 오프라인이고 디지털적이기보다는 아날로그적이라는 거! 잊지 말았으면 좋겠습니다.
꾹꾹 눌러 쓴 편지! 가까이 무릎을 맞대고 마시는 막걸리! 손때 묻은 책! 그런 것들과 나란히 골프가 놓여 있었으면 좋겠습니다.

20 . .

20 . .

20 . .

20 . .

20 . .

memo

20 . .

20 . .

20 . .

20 . .

20 . .

• 웃음

생각만 하면 웃음이 삐질삐질 나오는 그런 장면을 갖고 계십니까? 그립거나 외롭거나 이상하게 기분이 착 가라앉을 때 기억을 되살려 보는 거죠.
그런 재능을 가진 사람은 주변을 살펴보면 간혹 있습니다. 부럽습니다. 그런데 전혀 웃음이 나올 만한 상황이 아닌, 오히려 화가 나거나 짜증이 확 밀려오는 순간에도 자력으로 웃음을 만들어 낼 수 있으면 얼마나 좋겠습니까.
어렵겠지요? 만약 가능하다면 요즘 같은 난감한 세월에 골프는 말할 것도 없고 사업이나 업무에서도 획기적인 성과를 낼 수 있을 텐데요!
화날 때 자신을 스스로 웃기기.
지루할 때 즐거운 상상하기.
지칠 때 기적을 예감하기.
피곤할 때 기쁨 찾기.
입가에 미소를 띠게 할 잔잔한 기법들! 헛된 욕심으로 인해 허비하는 막막한 연습의 시간을 생각해보면 밑질 것도 없는 꽤 고수익의 투자일 것도 같습니다. 사실 요즘 남몰래 연습 중입니다.

memo

• 타이밍

골프는 타이밍입니다. 공과 클럽이 만나는 타이밍이 늘어지면 슬라이스, 공과 클럽이 만나는 타이밍이 성급하면 훅이 됩니다.
임팩트 존에서의 타이밍이 구질을 결정합니다. 그 0.1초도 안 되는 공과의 만남이 샷의 운명을 결정하고 샷의 운명들이 모여 골프의 운명을 결정합니다. 골프는 매 순간 짜릿짜릿하게 '때'의 중요성을 깨우쳐 줍니다.
칭찬해야 할 타이밍이 있고, 질책해야 할 타이밍이 있죠. 말을 걸 때가 있고 말을 말아야 할 때가 있습니다. 앉아야 할 때가 있고 일어서야 할 때가 있습니다. 타이밍은 운명이 아니라 선택일진데 사랑한다고 말해야 할 때를 놓쳐서 인생 슬라이스가 나고 결별의 말이 성급해서 인생 훅이 나고 있는 것은 아닌가요?
진정한 타이밍이란 스스로 마음을 비우고 고요해져서 경계를 늦추지 않고 온전히 그 자리 그 순간에 있을 때 안개가 걷히듯 드러납니다.

20 . .

20 . .

20 . .

20 . .

20 . .

memo

20 . .

20 . .

20 . .

20 . .

20 . .

• 첫 단추

첫 홀 첫 티 샷이 마음에 들지 않는, 첫 홀의 스코어가 자신의 희망과 다르다고 그날의 골프를 접는 사람들이 있습니다. 삶의 첫 단추가 중요하지만, 인생 굽이굽이, 골프 굽이굽이 수렁도 많지만, 반전의 기회나 기막힌 럭키도 많다는 걸 모르고 하는 소리죠. 처음 배울 때 스윙을 잘 배워야 하는 일 너무도 당연하지만 이미 굳어버린 스윙 어찌하겠습니까. 삶이 그러하듯 우선은 인정하고 조금씩 수리하면서 달래면서 가는 수밖에요. 인생이 '단추 구멍 채우기'라면 인생이란 옷은 아마도 중국 사람들의 옷처럼 줄줄이 단추가 많은 옷일 겁니다.

그러니 첫 단추 잘못 채워졌다고 좌절할 일도 첫 단추 잘 끼웠다고 방심할 일도 못 됩니다. 그저 겸손하고 꾸준하게 한 구멍 한 구멍 채우면서 갈 수밖에요.

memo

MARCH

• 첩경

골프 스윙을 익히는 데는 '생각'이 필요한 것이 아니라 '반복수행'이 필요할 뿐입니다. 사람들은 1만 번의 빈 스윙으로 해결할 문제를 특별한 '기법'을 배워서 1백 번도 휘두르지를 않고 제 것으로 하려 합니다. 세상에 그렇게 되는 일은 없습니다.
무릇, 경지에 이른다는 것은 하나로 통하게 되는가 봅니다. 자전거를 배우는 과정이나 그림을 배우는 과정이 골프를 배우는 과정과 어찌 다르겠습니까?
세계적인 성공학의 대가 브라이언 트레이시의 '실패 예찬론'을 듣고 있자면 사업의 성장 역시 골프의 성장 과정과 다르지 않다는 생각이 듭니다. 스윙의 불완전함이 우리를 속이고 골프가 우리를 나락으로 떨어뜨릴 때 '스윙에 실패란 없다. 멋진 골프를 위한 과정일 뿐이다'라고 외치며 긴 호흡으로 반걸음씩만 앞으로 나아가시자고요.

20 . .

20 . .

20 . .

20 . .

20 . .

GOLF DIARY

31

memo

20 . .

20 . .

20 . .

20 . .

20 . .

• 너무 무거운 우리들의 골프

대한민국의 골프는 무겁습니다.
연습장에 가보면 너무들 심각합니다.
표정을 보면 화를 내는 듯합니다.
필드에서의 무게감은 더합니다.
무슨 시험을 보러 온 사람들 같습니다.
내기라도 하는 사람들은 심각을 넘어섭니다.
진지함이 무거움은 결코 아닙니다.
몰입이 무거움이어서는 더욱 안 됩니다.
몰입은 '비우는 즐거움'이어야 합니다.
운동은 지극히 창조적인 행위라는 거
아시죠?
골프는 그래서 각본 없는 드라마입니다.
생각의 굴레로부터 해방되어야,
창조적 스윙, 직관적 골프가 살아납니다.
연습이 즐거워야 골프가 행복합니다.

Golf Diary

April

4월

memo

20 . .

20 . .

20 . .

20 . .

20 . .

APRIL

• 그냥 놔두자

아침 댓바람, 첫 샷부터 삐져 나간다.
어제저녁에 마신 소주가 과했나.
도둑걸음으로 나오다, "또 골프야" 집사람 한마디에 그런가?
지난 금요일 "너 요새 왜 그래" 친구 놈 때문인가?
아니면 나 스스로 삭이지 못한 세상을 향한 상처라도 있는 걸까.
연습 부족이랄 것도 없고
의욕 과잉이랄 것도 없는,
본때를 보여줘야 할 라운드도 아니고
초짜들을 위한 시범 라운드도 아닌데
샷은 도무지 갈피를 잡지 못한다.
이런저런 시도들을 해보지만
붙잡으려 하면 할수록 샷은 거칠어만 간다.
꼭 내 안의 어떤 울분처럼.
몇 가지 특단의 조치를 더 해보다가
그만,
그만,
그냥 기다리자
저 스스로 화가 풀릴 때까지
혼자 편안해질 때까지
그냥 놔두자.

memo

20 . .

도무지 뜻대로 안 되는 세상을 살면서
이런 식으로라도 뭔가를 토해 내지 않으면
어찌 견디며 살까
그래, 샷이라도 마음대로 놔두자
상처를 헤집듯
좌로 우로 날아다니던
샷들이 어느새
평온을 되찾는다.
그러자 라운드 끝났다.

20 . .

20 . .

20 . .

20 . .

memo

20 . .

APRIL

20 . .

20 . .

20 . .

20 . .

• 나만의 방식

대한민국 교육 '획일성'의 문제는 골프라고 예외가 아닙니다. 가르치는 사람도 배우는 사람의 '다양성'을 고려하지 않고, 골프를 즐기는 사람도 '나만의 방식'을 찾고 있지 못합니다.

골프를 즐기는 방식도 '나만의 방식'이 있어야 하듯이 골프를 배우는 과정도 자신만의 방식이 있어야 합니다. 남들이 다들 쓰는 클럽으로, 남들이 흔히 입는 옷으로, 남들이 접근하는 방식으로, 남들이 바라보는 관점으로, 골프를 하고 있다면 '나만의 골프'는 어디에 있는 것인가요?

전문적으로 가르치는 사람이 해 주지 못한다고 해서 결코 포기해서는 안 될 일입니다. 자기 스스로라도 꼭 해야만 하는 일입니다. 남들이 잘 가져 않는 오솔길일지라도 천천히 그렇지만 멈추지는 말고, 걸어가다 보면, 걸어가다 보면, 내 개성이 한껏 드러나는 독창적인 골프의 세계가 열릴 것입니다. 그런 '나만의 방식'들이 모이다 보면 언젠가는 골프에 있어서 '한류'가 되겠지요.

memo

• 점

당신에게는 이 •이 무엇으로 보이십니까? 이 글을 읽고 있는 당신은 당연히 골프공으로 보이겠지요?

아니면 무서운 블랙홀컵? 딤플이라 이야기할 사람도 있을지 모르겠군요. 그렇지만 이 •은 사실 '고정된 실체'가 아닙니다. 이 •은 운동을 하고 있습니다. 시간과 공간을 넘나들며 끊임없이 변하고 있는 거지요. 이 •을 골프공이라 하더라도 스윙이 부드러운 날 이 •은 물컹거리는 정구공이고, 스윙이 거친 날에는 딱딱한 당구공입니다.

집중이 잘 되는 날 이 •은 농구공처럼 커져서 딤플 하나까지도 섬세하게 느껴지고, 마음이 흐트러지는 날은 도무지 맞힐 수 없는 콩알로 보일 겁니다. 결국, 내 마음에 따라 이 •은 마침표가 되기도 하고, •이 • • 커져서 지구가 되고 우주가 되기도 합니다.

오늘 당신께 이 •은 무엇입니까? 그리고 그 •은 어디로 가고 있습니까?

20 . .

20 . .

20 . .

20 . .

20 . .

GOLF DIARY

05

memo

20 . .

APRIL

20 . .

20 . .

20 . .

20 . .

• 골프를 사랑한다면

새를 사랑하는 것이 새를 새장에 가두는 것이 아니듯, 꽃을 사랑하는 것이 꽃을 꺾어서 화병에 담아 감상하는 것이 아니듯, 골프를 사랑한다는 것이 내 속에 골프를 가두는 것이어서는 안 됩니다. 골프를 사랑한다는 것은 연습하면서 흘리는 땀을 사랑한다는 것이고 골프장과 그 속에 있는 뭇 생명을 사랑한다는 것이고 더불어 골프를 하는 사람들을 사랑한다는 것입니다. 더 멀리 보내는 자신을 과시하고 마음먹은 대로 가지 않는 공을 원망하고 어쩌다 조금 나은 스코어가 나오면 우쭐대는 것은 사랑이 아닙니다. 골프의 함정에 풍덩 빠져버린 것이거나 내 욕망의 틀 속에 골프를 가두는 거지요.

골프를 진정으로 사랑한다면 부모가 아이들을 사랑하듯 가끔 속을 썩여도 믿어주고, 꾸준히 관심 가져주고, 격려해주고, 속아도 주고, 또 믿어주고…. 그리고 무엇보다도 지금 이 기적 같은 순간이 있도록 해준 조건과 환경에 그저 감사합시다. 그게 사랑입니다.

memo

• 골프 치기 좋은 나이

오래도록 골프를 하면서 '골프를 시작하기에 좋은 나이가 있지 않을까' 생각해 봅니다. 모든 것이 쓸쓸해지는 나이, 도시의 일상은 아무런 자극이 되지 않는 나이, 바람도 설렘도 없어서 열정이 식어가는 나이…. 하루라도 젊어서 골프를 시작하는 것이 좋다는 말이 있기는 하지만 바로 이때쯤이 골프를 시작하기에 좋은 나이가 아닐까요. 모든 것이 시들할 나이에 긴장해서 오비가 나고, 오비가 나서 화가 나고, 화가 나서 또 실수하고, 뚜껑이 열려서 연습장으로 달려가고…. 어디서 이런 '살아 있음'을 경험할 수 있겠습니까. 이런 충만한 '살아 있음'이 남은 삶을 살아낼 건강한 열정으로 승화될 수만 있다면 말입니다.

20 . .

20 . .

20 . .

20 . .

20 . .

memo

20 . .

20 . .

20 . .

20 . .

20 . .

APRIL

• 통섭

골프는 참 중독성이 강한 운동이다. 낚시나 도박처럼 손맛으로 익힌 것들은 끊기가 참 어렵다고들 하는데 골프도 가히 그 범주에 들어가기에 손색이 없다. 아니 더하면 더했지 절대 모자라지 않는다. 그토록 매력이 넘치고 중독성이 강한 것이기에 조심스럽게 접근해야 한다는 생각이고 이미 그 길에 들어섰다면 생활이나 삶 속에서 균형을 잃지 않도록 하는 장치가 필요하다.

주변의 많은 사람에게 권해서 효과를 보고 있는 안전장치를 소개하자면 골프 이외의 다른 취미생활을 해야 한다는 것이고 그 취미생활 혹은 자신의 직업적인 전문성과 골프를 멋지게 mix&match 해보는 것이다. 사진과 골프, 글쓰기와 골프, 그림과 골프, 디자인과 골프, 설계와 골프, 식물과 골프, 동물과 골프, 역사와 골프, 심리학과 골프, 먹거리와 골프, 수집과 골프, 수지침과 골프, 등산과 골프….

그것이 무엇이든 뒤에다 '골프'만 붙이면 별의별 희한한 세상이 열리고 상상만으로도 입가에 웃음이 번지면서 온몸에 엔도르핀이 돈다. 지평을 넓히고 보면 정말 다양

memo

한 틈새가 있을 수 있다. 그리고 그것은 어쩌면 이즈음 유행처럼 회자되고 있는 산업과 산업 사이의 경계를 허무는 '융합'이기도 하고 학문적으로나 문화적으로 분야를 넘나드는 '통섭'이기도 하다.

누군가 진정한 삶의 보험이란 매달 돈을 적립해서 확보되는 소극적인 의미의 경제적 대안 마련이 아니라 '죽을 때까지 할 수 있는 일거리의 마련'이라는 능동적인 준비여야 한다고 말했다. 그러고 보면 '골프+○○= '평생 할 수 있는 취미이자 건강이 허락하는 내내 할 수 있는 일거리일 수도 있고, 그 결과물들이 쌓이다 보면 멋진 한 권의 책이 될 수 있을지도 모르고 생활에 활력을 주는 세컨드 잡이 될 수도 있다. 더 나아가자면 삶을 반전시킬 신규사업이 될 수 있을지도 모른다.

20 . .

20 . .

20 . .

20 . .

20 . .

memo

20 . .

20 . .

20 . .

20 . .

20 . .

• 골프 면역력

감기는 병이지만 더 큰 병을 예방하는 몸의 신호라고도 하지요. 암은 누구에게나 공포와 고통이지만 치료하는 첫걸음은 '죄 없이 살아온 내가', '하필 내가' 왜 암에 걸렸느냐고 원망하고 따지기보다 암에 걸릴 수밖에 없었던 자기 삶을 겸허하게 수용하는 것이 먼저랍니다.
암을 적으로 보고 퇴치하려고 덤비기 전에 암 덩어리를 내 신체의 일부로 인정하고 더불어 살아갈 궁리를 먼저 해야 한다는군요. 슬라이스는 어쩌면 노력보다 기대가 너무 큰 당신의 삶을 일깨우는 경종警鐘일지도 모릅니다. 연속 홀컵을 벗어나는 퍼팅은 좀 더 차분하게 혹은 좀 더 확신하고 살라는 신의 계시인지도 모르고요. 몸은 자신을 스스로 치료할 능력을 타고났습니다. 그러니 억지스럽게 고치려 하기보다 더불어 살 궁리를 먼저 해야 하는 것은 몸의 병만이 아닙니다.

memo

• 제발 스윙 좀 가만 놔둬

애써서 뭔가를 하면 할수록 망가지는 경험, 누구나 있었을 것입니다. 그냥저냥 괜찮은데 더 잘해보려고 손을 대기 시작하면 덧칠이 되고 그래서 결국 망치게 되는 그림처럼 우리의 스윙도 너무 사랑해서 고통스럽고 너무 잘 하려다 질곡이 됩니다.
어떨 때는 가만히 물러서서 먼발치에서 지켜보는 것이 더 사랑일 수 있습니다.

20 . .

20 . .

20 . .

20 . .

20 . .

GOLF DIARY

11

APRIL

memo

20 . .

20 . .

20 . .

20 . .

20 . .

• 도고마성 道高魔盛

100타 언저리를 칠 때는 동반자들이 '컨시드'도 많이 주지만 100타를 깨고 나면 'OK' 소리 듣기가 점점 힘들어집니다.
초보자일 때는 바람이 부나 비가 오나 스코어가 거기서 거긴데 보기 플레이어가 되어 가면서 날씨가 중요한 변수가 됩니다.
자기 스윙의 불안정성이 외적 요인의 변화보다 더 클 때는 외적인 상황의 변화에 영향을 덜 받지만, 점차 스윙이 안정되면서 영향이 커지기 때문이지요.
드라이버 거리가 150야드일 때는 친구의 헛기침에 별 영향을 받지 않지만 250야드를 날려 보내야 할 때는 이야기가 다릅니다. 소곤대는 이야기 소리도 신경이 쓰이고 장갑의 찍찍이 소리도 귀에 거슬립니다.
무슨 일이든 작은 성취에서 큰 성취로 나아가면서 장애도 그만큼 커집니다. 사람을 사랑하는 일도 그렇고, 공부나 사업을 할 때도 심지어 도道를 닦는 것도 마찬가집니다.
이를 두고 도고마성道高魔盛이라 하지요.
바둑이나 태권도에서 1단으로 승단할 때는 1단하고 싸우면 되지만 8단으로 올라가려면 8단과 싸워야 한다는 뜻일 겁니다.

memo

20 . .

골프를 하면서 연습장이나 필드에서 앞이 보이지 않는 위기에 직면하거나 험난한 파도를 만나시거들랑 '아! 내가 더 높은 경지로 나아가려나 보다.' 담대하게 생각하시고, 더욱 정진하십시오.

20 . .

20 . .

20 . .

20 . .

memo

20 . .

20 . .

20 . .

20 . .

20 . .

• 골프가 끝난 자리

골프가 끝났습니다. 굿 샷의 짧은 쾌감도 미스 샷의 긴 좌절도 모두 끝났습니다. 골프가 끝이 나고 알몸으로 선 그 자리에 무엇이 남아 있습니까?
더 깊게 사람을 만나겠다던 바람은 이루셨나요? 자연을 만나고, 그 속에 나를 쉬게 하려던 최소한의 목적은 달성이 되었습니까? 어차피 게임일 뿐이라던 생각, 그대로입니까?
그렇게 골프가 끝난 자리 하늘 표정 떠올릴 수 있고, 공 찾으러 산으로 들어갔다가 봄이 오는 소식, 볼 수 있었다면 그것으로 된 것입니다. 나, 여전히 즐겁고, 함께했던 사람들 모두가 더불어 골프 하고픈 사람으로 기억해준다면 그것으로 다 된 것입니다.
골프에 있어 규칙은 단 3가지밖에 없습니다. '사람 다칠 짓 하지 마라', '다른 사람 플레이를 방해하는 짓 하지 마라', '자연을 해치지 마라.' 이 3개의 규칙만 어기지 않았다면 그것으로 다 된 겁니다. 그런데 골프가 끝난 자리 그 무엇도 남아 있지 않더라도 너무 실망하진 마세요.
"밥 먹으러 갈 시간입니다."

memo

• 오래된 것들

20 . .

그렇게 오래된 것들이 바로 나 자신입니다. 그렇게 오래된 것들 속에 내가 있습니다. 오래된 사진 속에, 오래된 밥그릇 속에, 오래된 드라이버에 아이언에, 아버지께서 주신 퍼터에, 슬프고 기뻤던 내 삶이 고스란히 담겨 있습니다. 그렇게 오래된 삶의 기억들이 시비와 분별의 기준이 되고, 오늘 하루의 희비를 또 만듭니다. 오래도록 다닌 골프장이, 오래도록 드나들던 음식점이, 이발소가, 직장이, 자식과 남편과 아내가, 바로 나 자신입니다. 그 속에 새겨진 내 모습이 바로 '나'이고, 그것들이, 그들이 기억하는 바가 내 모습입니다. 그 기억들이 모여서 내가 살아갈 내일을 또 만듭니다.

오래된 스윙,
오래된 클럽,
오래된 사람.

쉽게 바꾸려 하지 마세요. 새것을 너무 탐하지 마세요. 내가 되고 내 것이 되기까지 세월이 많이 아픕니다.

20 . .

20 . .

20 . .

20 . .

GOLF DIARY

15

memo

20 . .

APRIL

20 . .

20 . .

20 . .

20 . .

• 선한 눈망울로 하는 운동

초보자들과 라운드를 해보면 '참 겁이 없다'라는 걸 느낍니다. 무지해서 그렇기도 하고, 세상의 속도 주의, 경쟁주의, 성과주의, 성장주의라는 병을 그대로 들고 와서 골프를 어떻게든 해보려 덤벼서도 그렇습니다.

세상에서 오염된 그런 병들이 다 치유될 때까지 '골프는 골프를 허락하지 않습니다.' 바람을 두려워하고 비도 두려워하고 감춰진 페어웨이를 두려워하고 경사진 그린의 잔디를 두려워할 때 '골프에 대해 슬슬 비겁해지기 시작할 때' 그때 '싱글의 길'이 보이기 시작할 겁니다.

골프는 육식동물의 힘과 용기로 하는 운동이 아니라 초식동물의 겁먹은 듯 '선한 눈망울'로 하는 운동이니까요.

memo

• 꽃

20 . .

만약 살아서 꽃 피운 자들만이 죽어 꽃이 된다면 세상의 수많은 꽃의 종류와 개체 수를 설명할 수 없습니다. 사람은 누구나 죽어 꽃이 됩니다. 살아서 가슴에 꽃 한 송이 피운 적 없는 사람이 어디 있겠습니까? 들어보면 눈물이 펑펑 날 사연 없는 사람 없고, 가슴 시린 꿈 하나 없는 사람 있겠습니까? 누구의 삶이든 삶은 드라마보다 더 드라마틱하고 그 누구의 인생이든 그 자체로 도도한 소설입니다. 우리가 이름을 몰라 꽃이라 하지 못하고 너무 작거나 너무 커서 알아보지 못하고 바위틈에 골짜기에 소리도 소문도 없이 피었다가 갔기에 미처 살피지 못한 게지요.

다만, 살아서 어떤 꽃을 피우고 죽어서 어떤 꽃으로 피어날 것인가는 우리가, 지금, 선택해야 하는 일일 겁니다. 살아서 길고 긴 겨울을 이긴 '붉은 동백'으로, 죽어서 들판에 지천으로 피는 '하얀 철쭉', 그중 한 송이일 수 있기를 기도해 봅니다.

20 . .

20 . .

20 . .

20 . .

APRIL

memo

20 . .

20 . .

20 . .

20 . .

20 . .

• 투자 대비 수익률

많은 분이 골프는 아무리 노력을 해도 성과가 없다고들 합니다. 아무리 해도 제자리라고 투덜거리기도 하시죠.
과연 그럴까요? 골프는 투자 대비 수익성이 정말 낮은 걸까요?
몸을 움직이고 유지하기 위한 최소한의 에너지를 공급하고 있을 뿐이면서 건강이 획기적으로 개선되기를 바란다거나, 나이가 들면서 몸의 건강을 유지하기 위한 최소한의 운동을 하고 있을 뿐이면서 젊고 싱싱한 몸이 되길 바란다거나, 저축도 없이 벌어서 다 먹고 쓰고 있으면서 재산이 불어나길 바랍니다.
공장이 가동되는 데 필요한 기본적인 투자밖에 하지 않으면서 수익을 기대해서는 안 됩니다. 사업의 투자는 언제나 예상보다 더 들어가고 공장이라면 기계에 기름때가 끼고 바닥에 쇳가루가 쌓여야 비로소 수익이 나기 시작합니다.
모든 투자가 다 수익을 내는 것도 아닙니다. 비효율적인 투자나 낭비적인 투자도 많습니다. 투자는 수익을 내는 것이 목적인데, 더욱 똑바로! 더욱 멀리! 더욱 멋진 샷!

memo

20 . .

20 . .

20 . .

20 . .

20 . .

하면서 외견상의 폼을 잡느라 정신을 못 차립니다. 절대 수익이 날 리 없지요.

많은 분이 현재의 실력을 유지하는 데 쓰이는 노력의 양은 계산에서 쏙 빼고 투입한 노력의 총량이 전부 실력의 향상에 쓰여야 한다는 이상한 계산 방식으로 골프의 손익을 계산하고 있습니다.

연구 개발에는 투자하지 않고 스크린이다, 필드다, 이미 개발된 제품을 팔아먹는 데만 정신이 팔린 것도 수익성을 악화시킬 뿐이라는 것! 우리가 모두 익히 잘 알고 있는 사실입니다.

memo

20 . .

20 . .

20 . .

20 . .

20 . .

• 골프 하고 오는 길

남들이 다 하는 운동이어서, 자연과 함께하는 것이어서, 친교를 위해서, 이런 이유뿐이라면 굳이 골프여야 할 것도 없습니다. 우리가 알 수 없고 설명하기도 어려운 '본성적인 욕구가 우리를 부른다'고밖에는 설명할 도리가 없는 이유가 있는 듯합니다. 여행의 목적이 '감'이 아니고 '잘 돌아옴'이라면 골프도 그러해야 합니다. 골프를 하러 '간다'라는 것이 중요한 것이 아니라 '잘 돌아오기 위한 감'이어야 합니다.

돌아오는 길 몸은 무겁되 마음이 가볍지 않으면 그날의 골프가 목적에 충실치 못했음을 알려주는 것이고, 돌아오는 길 '각오나 다짐' 하나쯤 가지고 오지 못한다면 허접스러운 또 한 번의 골프였을 뿐입니다. 이에 이병률 시인은 "우리가 즐기는 것이 스윙이 아니라 몰입이고, 우리가 골프를 하는 이유가 스코어를 잘 내려는 것이 아니라 '자신을 타이르는 과정'이라는 사실을 잊지 말라"고 이야기합니다.

memo

• 동메달

올림픽의 은메달리스트보다 동메달리스트가 만족감을 더 많이 느낀다는 이야기 아시죠? 은메달리스트는 금메달리스트가 자신의 비교 대상이어서 기쁨보다 상실감이 크지만, 동메달리스트는 메달을 따지 못한 사람이 비교 대상이어서 만족감이 더 커지는 것이겠지요.
골프 하는 사람들은 누구나 '파'를 목표로 합니다. 보기 플레이어도 파를 하려 하고 심지어 100타를 치는 사람도 파를 하려 합니다. '불행 골프'의 시작입니다. '향상심'이야 살아가면서 꼭 필요한 것이지만 자신의 실력에서 너무 먼 사람과의 비교나 목표의 설정은 삶을 지독히도 고달프게 합니다.
골프를 하면서 하고파도 하지 못하는 사람들 생각도 좀 하고, 오직 싱글만 쳐다볼 것이 아니라 100타 고개 힘겹게 넘고 있는 뒷사람도 보면서 가야겠습니다. 그래야 골프를 시작한 '첫 이유'에서 너무 멀어지지 않을 테니까요.

20 . .

20 . .

20 . .

20 . .

20 . .

APRIL

memo

20 . .

20 . .

20 . .

20 . .

20 . .

• 안경

우린 행복이 마치 어떤 특별한 순간이나 기상천외한 사건, 혹은 어떤 결과나 물체 같은 것으로 여겨 끊임없이 찾아 헤매고 소유하려 합니다. 행복은 세상을 보는 태도나 관점 같은 것, 어쩌면 습관 같은 것이어서. 모양도 없고 무게도 없는 것일 텐데 말이죠.

'행복은 안경!'

세상이 불행하다 싶어질 때면 행복을 찾아 몸부림치기보다 얼른 안경을 벗어서 닦아야 할 일입니다. 우리가 매일 보는 평범한 출근길도 다친 눈을 막 고친 환자에게는 눈물이 줄줄 흐를 거룩한 풍경일 수 있고, 매일 먹은 단조로운 음식도 누군가에겐 절절한 생명의 에너지일 수 있습니다.

골프가 힘들게 느껴지면 골프를 보는 안경을 닦아보세요! 열심히 연습하는 것도 방법이지만 관점을 바꾸는 것도 방법입니다.

memo

• 내게 말을 거는 공간들

사람을 위한다고 만들어진 제도나 문물이 사람 위에 군림하는 경우 많지요.
사람답게 살려고 시작한 일들이 삶을 억누르는 일도 많고요. 평화를 위한 폭력이 난무하고 구원을 위한 배타도 횡행합니다. 사랑이라는 이름으로 가학이 자행되고 불확실한 미래의 행복을 위해 '오늘' 터무니없는 고통이 강요되기도 합니다.
우리가 일상을 살면서 겪는 많은 문제가 실은 애초의 목적과 의도로부터 너무 멀어져서 생긴 건 아닌가요? 집은 사람을 위해 있는 것이고 골프는 즐겁기 위해 시작한 일입니다. 지금 하고 있는 '짓'이 지금의 나를 충만하게 만들고 있지 못하다면 진지하게 물어야 합니다. '계속할 이유가 무엇이냐'고. '지금'을 즐기고 있지 못한 일들의 합습이 미래의 행복이 될 가능성은 지극히 낮으니까요.

20 . .

20 . .

20 . .

20 . .

20 . .

APRIL

GOLF DIARY

23

memo

20 . .

20 . .

20 . .

20 . .

20 . .

APRIL

• 빨간 편지통

사람에겐 '걷기 본능'이 있는가 봅니다. '걸어야만 하는 운명' 같은 것도 있는 것 같고요. 걸어야 소화도 되고 걸어야 생각도 정리가 되고 걸어야 서글픈 세상 살아낼 힘도 생깁니다. 고인 물이 썩어들 듯 멈춰 서고 주저앉아버린 삶에 비관과 부정의 물때가 낍니다. (카트가 선택이 아니라 의무가 된 골프장은 나쁜 골프장입니다.)

걸어야 합니다. 걷다가 걸어가다가 인생 백두대간 험하고 거친 고비들 넘다가 고갯마루 빨간 우체통 하나 만나면 그리운 사람에게 밀린 숙제, 긴 사연 편지를 써야지요.

어느새 20년이 훌쩍 흘러 빛바랜 기억이 되어버린 장터목엘 가보고 싶습니다. 삶을 '가파른 산 오름'이라 여겨 '평지 걷기'를 하찮아하던 시절의 산행과 지금의 느낌은 사뭇 다르겠지요. 다 걷고 난 골프장 어딘가에도 빨간 편지통 하나쯤 있었으면 좋겠습니다.

memo

• 약한 고리

누구나 삶의 약한 고리를 가지고 있습니다. 잘하는 것을 중심으로 사는 것 같지만 삶은 결코 그렇지를 못합니다.
'잘하는 일', '잘하는 짓'을 앞장세워서 뭔가 일이 씩씩하게 풀려나가다가도, 결국 자신의 가장 취약한 부분으로부터 문제가 발생하면서 주저앉게 되지요. 좋은 인간관계가 일을 승승장구로 이끌지만 소홀했던 '어떤 관계'가 일을 망친 경험, 누구나 몇 번쯤은 있을 겁니다.
'멋진 샷', '잘난 샷'을 뽐내고 싶은 심정이야 충분히 공감합니다. 하지만 '스코어'는 거기서 만들어지는 게 아닙니다. 자신의 가장 취약한 샷이 스코어를 결정합니다. 뭔가 꼬이는 날은 지독히도 그런 샷들만 하게 되지요.
'나'마저 외면해선 안 될, 자신의 가장 약한 부분을 직시하는 것, 그리고 그것을 따뜻하게 감싸 안아야만 한다는 것, 골픈들 다르겠습니까? 나 자신에게도 물론 그러해야겠지만 사랑하는 사람의 가장 서툰 구석까지도 사랑할 수 있다면 더 좋겠습니다.

20 . .

20 . .

20 . .

20 . .

20 . .

memo

20 . .

20 . .

20 . .

20 . .

20 . .

• 행복 전염

미국 하바드대와 UC샌디에이고 공동연구팀이 2008년 12월 〈영국의학저널〉에 게재한 논문, '행복은 이웃에게 전달된다'를 보면 행복한 사람이 옆집에 살면 행복지수가 34%, 6km 내에 거주하면 14% 높아지며, 행복지수가 높은 친구가 500m 근처에 살 때 행복지수는 42%가 상승하는 것으로 나타난다고 합니다.
그럴 것이라 짐작했지만 이렇게 강력한 줄은 미처 생각하지 못했네요. 한 샷을 하고 행복해하면 이웃 홀에 있는 친구의 행복지수가 40% 올라가고 그 샷을 진심으로 기뻐하면 그 무렵 9홀 전체에서 골프 치는 사람의 행복지수가 14% 상승한다니요! 너무나 멋진 일 아닙니까? 다른 사람을 행복하게 해 줄 수 있다는 일.
연습장에서 연습할 때도 최대한 행복해하세요. 나 때문에 공이 잘 맞는 사람이 생길지 모르니….

memo

• 불편한 골프

누구나 연애하면 서로에게 편안해지고 싶어 합니다. 누구나 안정된 직장, 안정된 수입을 원합니다. 그리고 골퍼라면 당연히 '편안한 스윙'을 원하겠죠? 그런데 제 기억으로는 안정이나 평온은 언제나 순간이었습니다. '이런 게 행복이라는 거구나' 싶은 순간, 바로 '불편의 계곡'으로 주르륵…. 행복은 제게 조그만 산의 정상이거나 안 올라갈 수도 없는 삼각형의 정점 같은 거였죠. 신은 우리를 구원하기 위해 '시련을 선물했다'라는 식의 이야기 '누굴 놀리나?' 싶어 인정하기 싫지만, 불편이나 불안이 발전의 원동력인 것만은 경험적으로도 부정하기 어려운, 참 불편한 '진실'입니다. 그러니 불편한 골프 너무 구박하지 마세요. 그게 다 우리를 더 높은 곳을 향하게 하는 힘이라니.

20 . .

20 . .

20 . .

20 . .

20 . .

memo

20 . .

20 . .

20 . .

20 . .

20 . .

• 방랑 골프

살아 있는 동안 꼭 해보고픈 '꿈'이 하나 있습니다. '방랑 골프'입니다. 자전거를 타고 금강산 '아난티 골프장'으로부터 '제주의 중문' 골프장까지 하루에 한 번씩 라운드하면서 전국을 돌아보는 겁니다. 자전거 뒷부분을 개조해서 골프 백을 싣습니다. 물론 배낭도 싣고 밥을 해 먹을 수 있는 장비와 침낭도 실어야겠지요. 처음에는 걸어서 해볼까 싶기도 했는데 걷기에는 짐이 너무 많아서 자전거로 결정했습니다. 365일 365곳의 골프장을 돌면서 365번의 라운드를 하는 거죠.

매일의 라운드를 마치고 나면 씻고 빨래하고, 그 지역의 산물과 계절의 채소로 만든 맛있는 반찬과 따뜻한 밥으로 배를 채우고, 라디오에서 흘러나오는 음악을 들으며 느긋한 휴식을 취합니다. 그리고 라운드 중간중간 찍은 사진을 곁들여 오늘의 여정과 라운드를 글로 씁니다. 운이 좋아 신문이든 잡지든 글을 연재하도록 받아준다면 라운드 비용 벌이라도 될지 모르잖아요.

여건이 허락해서 모닥불이라도 피울 수 있다면 한잔 소주와 더불어 밤하늘의 별도 보

memo

20 . .

20 . .

20 . .

20 . .

20 . .

고, 그리운 사람에게 편지도 쓰고 그러다 꿈나라로. 짐을 꾸리고 다음 골프장의 티 타임을 놓치지 않으려면 아침에 일찍 일어나야 합니다. 또다시 출발!

매일의 그런 시작이 어찌 낭만적이고 즐겁기만 하겠습니까. 힘이 많이 들겠지요. 하지만 이왕 시작한 골프 우리나라 모든 골프장을 가보고 싶다는 생각과 우리 땅 구석구석을 밟아보고 싶다는 젊은 시절의 바람 두 개를 묶어 놓고 보니 그런 '이상한 꿈'이 만들어졌습니다. 길에서 길을 물어볼 작정입니다. 삶과 골프의 본질을 묻는 '구도의 여행'이 되겠지요.

나이 60이 되기 전에 꼭 해볼 생각인데 약 1억 가까운 비용이 든다는 것과 혼자서는 안 된다는 것이 이 계획의 문제라면 문젭니다. 돈이야 벌면 된다고 보면 우리나라의 골프 여건상 적어도 2명은 되어야 현실성이 있을 것 같아 술자리에서 선배 한 사람을 꼬느겨 놓기는 했는데 영 미덥질 않습니다.

방랑 골프.

함께할 동반자를 찾습니다.

GOLF DIARY

29

memo

20 . .

APRIL

20 . .

20 . .

20 . .

20 . .

• 출세

우리나라의 골프장은 산악형 골프장입니다. 한쪽은 절벽, 한쪽은 벼랑. 페어웨이가 좁고 오비 지역이 많으며 대체로 외국의 골프장에 비해서 거리가 짧습니다. 그래서 그린 주변 혹은 그린의 핸디캡을 높여서 전체적인 코스의 난이도를 유지하고 있다는 이야기지요. 그래서 외국의 골프 이론들이 한국적인 상황에는 잘 맞지 않는 것이 많습니다. 골프화도 등산화 모양이 더 맞는 것 같은데 등산화 만드는 회사가 아직 거기까지 관심이 없는 모양입니다.

다른 나라는 골프가 들판으로 가는 것이지만 우리의 골프는 산으로 갑니다. 그러니 우리의 골프는 출세하러 가는 것이고 결국 골프는 속세를 떠나는 것입니다. 이왕 세속을 떠났다 다시 오는 길 빈손으로 오지 마시고 뭔가 깨달음 하나 얻어서 오시기를.

memo

• 혁명이 아니라 개혁

20 . .

스윙을 함부로 바꾸려 하지 마세요. 어찌 만들어온 스윙인데 스윙은 역사가 있습니다. 바꾸려 한다면 스윙을 해온 시간만큼의 시간이 더 필요하다는 전제하에서 출발해야 합니다. 아주 작은 한 부분을 바꾸는 것은 스윙 전체에 그 영향을 미치게 되고 조급하게 찔끔찔끔 바꾸다 보면 스윙이 누더기처럼 될지도 모릅니다. 그러니 스윙을 함부로 바꾸지 마세요. 바꾸려면 차라리 마음을 먼저 바꾸세요.

평온한 마음으로 낚시꾼이 고기를 기다리듯 심마니가 소식을 기다리듯 굿샷을 기다려보세요. 기다리다, 기다리다 보면 그 마음과 잘 어우러지는 멋진 스윙이, 그리고 굿샷이 어느 날 손님처럼 찾아옵니다. 스윙의 변화는 외부로부터의 혁명이기보다 내면으로부터의 점진적 개혁입니다.

20 . .

20 . .

20 . .

20 . .

May

5월

GOLF DIARY
01

MAY

memo

20 . .

20 . .

20 . .

20 . .

20 . .

• 한국형 골프장

골프장은 완전히 풀을 제거한 '잔디의 영토'입니다. 관리를 이유로 인간과 잔디가 합세해서 풀들을 몰아내 버렸습니다. 잡초와 잔디가 공존하는 골프장은 없을까요? 들과 산에 넘치는 이 땅의 아름다운 풀들이 꽃으로 만발한, 억지스러운 토목이 인공적으로 만들어 놓은 코스레이트*가 아니라 형식과 내용 어느 면에서나 자연스러움이 미덕이 되는 그런 골프장은 있을 수 없는 걸까요?
한국의 골프장은 세계 어느 곳에서도 볼 수 없는 너무나 한국적이었으면 하는 꿈을 꿔봅니다.

* 코스레이트란 골프장의 난이도를 의미합니다.

memo

• 샷과 샷 사이의 시공

골프를 18년 넘도록 하고 있으면서도 '걷기'에 관심을 가지지 못했습니다. 걷기란? 너무나 당연한 행위이면서 잘할 수 있는 부분이고 다음 샷을 하기 위한 이동 수단에 불과하다고 생각했습니다. 아니 그 생각조차도 사실 해본 적이 없었던 것 같습니다.

골프는 2%의 스윙과 98%의 걷기로 이루어진 게임이 아니던가요?

한 샷과 다음 샷 사이에는 시간과 공간이 있고 그 시공時空을 우리는 걸어가고 있습니다. 그 시공時空을 무엇으로 채울 것인가는 순전히 자신의 선택입니다. 잘 걸으면 생각이 맑아지고 긴장도 없어지고 마음도 긍정적으로 되고 차분해진다면 잘 걷는 사람이 골프도 잘하겠네요!

2%의 스윙에 관한 연구와 노력을 조금만 할애해서 98%의 '걷기'를 연구하고 가다듬어 보심은 어떨는지? 저는 이미 시작했습니다.

20 . .

20 . .

20 . .

20 . .

20 . .

memo

20 . .

20 . .

20 . .

20 . .

20 . .

• 자세

상식적으로 생각해봐도 현실에 대한 고민이 많거나 내면의 고뇌가 큰 사람은 머리를 숙이고 걷습니다. 그러니 자세가 앞으로 치우치면서 자신감이 없어지겠죠. 가슴을 쫙 펴면서 몸을 뒤로 젖히고 걷는 사람을 보면 양반걸음이라느니 건방지다느니 하지만 왠지 자신감이 있어 보이기는 합니다. 미래를 생각하면 고개를 들게 되고 그래서 자세가 뒤로 젖혀지는 것도 지당한 이야기입니다.

라운드를 하면서 어떻게 걷고 있습니까? 이미 지나간 미스 샷을 곱씹으며 고개를 푹 숙이고 걷나요, 아니면 멋진 '다음 샷'을 그리며 '당당한 희망'으로 걷나요? 셋업 자세는 어떠세요? 온 관심이 공에게 가 있거나 몸의 자세를 연구하느라 내면으로 찌들어 있습니까? 아니면 목표를 향한 씩씩하고 진취적인 자세입니까?

공을 향해 걸어가는 모습과 치기 전의 자세에서 이미 우리는 다음 샷의 성공 가능성을 살필 수가 있습니다. 세상의 일이 그러하듯 공을 대하는 자세와 태도는 단지 선택의 문제일 뿐입니다.

memo

• 가벼운 스윙, 무거운 스윙

골공骨空은 높이 날기 위해 뼛속을 비우는 새의 노력입니다. 연습장에서 연습하는 모습을 가만히 보고 있으면 가벼운 스윙과 무거운 스윙, 생각을 비우는 연습과 생각을 키우는 연습이 있음을 확연히 볼 수 있습니다. 욕심의 스윙과 무심의 스윙도 보입니다. 셋업을 하고서 오래도록 묵상하듯이 서 있는 사람을 보면 다가가서 묻고 싶어집니다.

"무얼 그리 생각하고 계십니까?"

집중이 아니라 걱정하고 있고 몰입이 아니라 머릿속에는 여기저기서 수집한 온갖 Tip이 넘치고, 가슴속에는 욕심이 또한 가득합니다. 생각이 '운동본능'을 억누르고 있습니다. 생각이 단순해져야 몸이 가벼워지고 몸이 가벼워서 제 기능을 다 해야 스윙이 가벼워집니다. 드높은 스윙의 경지는 '생각'에 있질 않고 무념 無念(생각 없음)에 있습니다. 뜻도 의미도 없는 하얀 공을 허공으로 날려 보내는 이 사소한 일에도 마음이 비워지지 않는다면 일상의 내 모습은 어떠할 것입니까?

20 . .

20 . .

20 . .

20 . .

20 . .

MAY

memo

20 . .

20 . .

20 . .

20 . .

20 . .

• 퍼팅 잘 하는 법

퍼터 구색을 다양하게 갖춘 대형 shop으로 갑니다. 점원에게 미리 부탁합니다. '고르는 동안 충분히 시간을 달라'고 그리고 '다 고를 때까지 방해하지 말아달라'고. 그래야 충분히 자신이 원하는 것을 고를 수 있습니다.

천천히 여러 개의 퍼터를 테스트해 봅니다. 이때 중요한 요소는 퍼팅이 잘 되고 안 되고가 아니라 '내 마음에 드느냐 안 드느냐'는 다분히 디자인적인 요소인 것이 좋습니다.

잘 들어갈 것 같은 느낌이 드는 퍼터를 고르는 거죠. 3개를 고릅니다. 그리고 조용히 점원을 부릅니다. 고른 3개 중에 가장 비싼 것을 삽니다. 그것도 두 개를 동시에 삽니다. 자신의 경제력에 부담이 살짝 갈 정도면 더욱 좋습니다. 두 개를 한꺼번에 사니 조금은 싸게 살 수도 있을지도 모르지만, 일부러 깎으려 들지는 마세요. 효과가 뚝 떨어집니다.

하나는 골프 가방에 넣고 다른 하나는 집이든 사무실이든 가장 많이 머무는 곳 가장 여유롭게 시간을 보내는 곳에 둡니다. 이것

memo

20 . .

으로 끝입니다. 그렇게 하면 퍼팅 실력이 급격히 향상됩니다. 왜냐고요?
우선 비싼 퍼터를 한 개도 아니고 두 개나 샀기 때문에 퍼터에 대해서 절대 의심하지 않습니다.
퍼팅이 안 되어도 '퍼터 탓'을 안 한다는 거죠. 퍼터에 대한 믿음, 심리적인 안정감 확실합니다. 그리고 두 번째는 눈에 잘 띄는 곳에 퍼터를 두었기 때문에, 그리고 그것이 상당한 가격의 물건이기에 돈이 아까워서라도 자신의 선택이 옳았음을 증명하기 위해서라도 퍼터를 자꾸 만지게 됩니다.
'손이 가요. 손이 가!' 그러니 어찌 퍼팅 실력이 좋아지지 않을 수 있겠습니까?
내기 골프를 많이 하는 사람은 틀림없이 1년 안에 본전을 뽑습니다.
설마 진짜 해보시려는 것은 아니겠죠?

20 . .

20 . .

20 . .

20 . .

memo

20 . .

20 . .

20 . .

20 . .

20 . .

• 고집스러운 골프

사람들은 참 귀가 얇습니다. 사업을 할 때나 자신의 분야의 어떤 일을 할 때는 그렇지 않은 사람도 골프에 이르러서는 왜 그리 남의 이야기, 남의 주장에 그리 쉽게 현혹되고 무너져 내리는지? 골프가 아무리 덩치가 큰 운동이라고는 하지만, 다른 뭔가를 배울 때의 학습 과정과 살아가면서 체득한 일반적인 삶의 원칙들에서 크게 벗어나지 않는다는 사실을, 왜 그렇게 까맣게 그리고 자주 잊어버리는 걸까요? 성실함, 꾸준함, 일관됨, 초심으로 돌아감, 반복수행, 몰입, 집중, 그리고 마음을 다하는 고집….

역사와 현재, 전통과 첨단이 어우러진 너무 부럽기도 하고 아름답기도 한, 유럽 장인들의 아틀리에를 들여다보면서 저는 '할 수 있는 모든 노력을 다해서 골프를 세상에서 가장 쉽고 재미있게 가르치는 장인이 되는 꿈'을 꾸어 봅니다. 여러분들은 '고집스러운 나만의 골프'를 꿈꿔 보세요.

memo

• 스윙 뱅크

멋진 스윙을 완성하는 유일한 방법은 빈 스윙밖에 없습니다. 공을 치는 행위인 '샷'은 어찌하더라도 스윙을 왜곡시킵니다. 빈 스윙을 많이 하는 것이 '저축'이라면 공을 치는 행위는 그것이 연습장이든 필드든 '지출'입니다. 샷이 자연스럽지 않으면 않을수록 과격한 지출이 되겠지요. 롱 게임도 숏 게임도 퍼팅도 빈 스윙을 통해서 '내공'이 쌓이고 샷을 통해서 '공력을 쓰는' 겁니다.

그러니 가끔 '스윙 뱅크'의 잔고를 점검해봐야 합니다. 저축이 부족하고 지출이 심하면 결국 깡통계좌가 되듯이 연습장에서 죽어라 공만 치거나 빈 스윙 없이 거듭되는 라운드는 스윙을 점점 일그러뜨립니다. 요령이 늘어서 스코어는 어느 정도 유지되지만, 스윙은 나빠지고 있다고 봐야지요.

빈 스윙 말고도 등산이나 웨이트나 스트레칭도 저축이고 명상이나 가벼운 트래킹도 저축일 수 있습니다.

그리고 아무 때나 넣고 빼는 저축보다는 적더라도 꾸준하고 지속적인 '적금'이 골프에 더 좋다는 거 잊지 마세요.

20 . .

20 . .

20 . .

20 . .

20 . .

MAY

memo

20 . .

20 . .

20 . .

20 . .

20 . .

• 직선과 곡선

꼬챙이도 약간 휘어야 쓸모가 있고 작대기도 약간 휘어야 등 긁는 데라도 쓸 수가 있습니다. 슬라이스 구질을 너무 미워하지 마세요. 뭘 그리 냉혹 비정의 '쭉쭉 빵빵'을 만들려고 애들을 쓰십니까? 골프채 만드는 회사들의 광고가 만든 '직진 신화'와 '비거리 신화'에 속고 계신 겁니다. 휘어가더라도 일정하기만 하면, 인정과 운치로, 얼마든지 싱글로 갈 수 있습니다. 마치 직선이 만들어지지 않아서 골프가 안 되는 것으로 자신을 속이지 마세요.

미국에 이민 가서 영어로 내내 스트레스를 받다가 '영어를 포기하니 인생이 그리 즐거울 수가 없다'라던 친구가 있었습니다. 직선을 포기하면 골프가 행복해집니다.

memo

• 반성문

살면서 반성할 일이 너무 많습니다. 반성하다가, 하다가 지치기도 합니다.
나이 들어가면서 반성할 일이 없다기보다 반성할 힘이 없는 경우가 더 많지요. 반성이 없다는 것은 익숙해지는 것이고 익숙함은 편안함을 줍니다. 편안함은 죽음에 이르는 병입니다. '반성과 반성 사이에도 꽃은 핀다' 하니, 반성을 멈추지는 말아야겠습니다.
스윙도 반성하고 스코어도 반성하지만 누군가에게 뭔가를 보여주려 했던 마음, 누군가를 이기려 했던 마음을 더 많이 반성하고 때론 '골프를 하고 있음'도 반성해보면 어떨까요.

20 . .

20 . .

20 . .

20 . .

20 . .

GOLF DIARY

11

memo

20 . .

20 . .

20 . .

20 . .

20 . .

MAY

• 기쁨과 재미

'재미'는 중독성이 있습니다. 취미든 오락이든 한번 재미를 들이면 빠져나오기 쉽지가 않습니다. 그렇지만 '기쁨'은 나눌수록 커지고 홀로 고요히 간직하더라도 마음이 따스해져 옵니다. 재미는 욕구의 해소가 목적이기에 더 큰 재미를 찾게 합니다. 그래서 언제나 재미는 더 큰 '목마름'이 되고 말지요. 그렇지만 기쁨은 그 자체로 하나의 완결적인 감정 구조이기에 내적인 충만함을 줍니다.

게임으로서의 골프는 흥분과 쾌감을 줍니다. 그게 사람들이 골프에 열광하는 '흔한 이유'죠. 하지만 관계로서의 골프는 공감과 연대의 기쁨을 줍니다. 스코어나 기술의 향상은 재미를 주지만 자연과 함께하는 시간에의 몰입은 기쁨을 줍니다.

골프를 하는 이유, 재미가 아니라 기쁨이었으면 좋겠습니다. 물론 약간의 재미가 필요하기는 하겠지만요.

memo

• 착한 의심

20 . .

일생일대의 멋진 샷을 날리고 나면 다들 부러운 시선으로 자신을 보고 있을 것 같지요? 환호와 박수 속에 칭찬과 격려의 마음만 있을 것 같지요?

세상이 그리 단순하면 얼마나 좋겠습니까! 어느 하나의 현상을 보고 한 가지 생각만 할 수 있으면 얼마나 좋겠습니까? 그렇다고 남 골프 잘 치는데 질시와 시샘의 부정적이거나 악의적인 마음만이 넘친다는 이야기는 절대 아닙니다. 굿 샷을 외치면서도 '노력해도 안 되는 스스로'를 자책하는 사람이 있을 수도 있고 손뼉을 치면서도 '나도 여유가 좀 있으면 저렇게 칠 수 있는데'라며 시간과 비용을 낼 수 없는 자신을 비탄하는 사람이 그중에 끼어 있을 수도 있다는 겁니다. 잘나가는 순간의 행동과 말! 참 조심스러워야 합니다. '혹시?' 하면서 조금만 주의 깊게 보면 우린 언제나 굉장히 복잡한 감정들 속에 놓여 있다는 걸 알 수 있으니까요!

어찌 그리 잘 아느냐고요? 저도 그 속에 있었으니까요.

20 . .

20 . .

20 . .

20 . .

MAY

memo

20 . .

20 . .

20 . .

20 . .

20 . .

• 친구 1

제게는 아주 오랜 친구가 있습니다. 오래되었다고 이야기하는 것은 과연 그와의 인연이 어디서부터 시작된 것인지 알 수 없기 때문입니다.
골프를 시작하지 않았으면 만나지 못했을 것이니 골프를 시작한 30대 초반의 풋풋함을 인연의 시작으로 봐야 할지, 잘나가는 기업의 사장으로 있었다면 다른 사람들에게 골프 가르치는 일을 하지 않았을 것이니 사업이 망하고 마음 가닥을 잡지 못하고 그늘진 산자락을 헤매고 다니던 늘어진 40 중반의 어깨를 시작으로 봐야 할지. 돌아가신 그의 아버지가 권했던 책들을 제가 다시 권하고 그의 아버지가 그었던 밑줄을 제가 긋고 있는 것을 보면 그보다 훨씬 더 오랜 세월을 거슬러 올라가야 하는지 알지 못합니다.
제게는 참 오랜 친구가 있습니다. 이유도 뜻도 없이 그리울 때는 그가 나를 그리고 있음을 느낌만으로 알 수 있고, 내가 그를 그리면 그도 그 순간을 알아차릴 것을 믿어 의심치 않아도 되는 그런 친구가 있습니다. 세상의 굽이와 고비를 넘으면서 그런 친구

memo

가 없다면 어찌 세상이 따뜻하다고 얘길 할 수 있을까요? 그래서 삽니다. 밥을 먹어야 살고 숨을 쉬어야 사는 것이지만 그것만으론 살 수 없는 우린 시린 가슴, 인연의 온기로 견디고 삽니다.

내일은 골프대회가 있는 날입니다. 비가 올지도 모른다는군요. 하지만 괜찮습니다. 골프가 끝일 수 없는 골프가 단지 매개이자 시작에 불과한, 골프보다 더 큰 사람들이 있어, 비도 이기고 바람도 이기고 추위도 이깁니다. 그런 사람이 있어 골프가 더 고맙습니다.

20 . .

20 . .

20 . .

20 . .

20 . .

MAY

memo

20 . .

20 . .

20 . .

20 . .

20 . .

• 자비 명상

'자비 명상'은 전통적인 불교식 명상법입니다. 아주 쉽고 단순하면서 형식적인 제한이 없어서 좋습니다. 연초에 붓글씨로 하나 써서 책상 앞에 붙여 놓고 책을 읽다가도 보고, 일하다가도 봅니다. 소리 내서 읽어보기도 하고 멍하니 바라보며 묵상을 하기도 하는데 그때마다 가슴이 따뜻해져 오는 것이 참 좋습니다.

행복골프학교 졸업생 한 분이 오셔서 명상하고 싶은데 어떻게 하면 좋으냐고 물으셔서 써 놓았던 것을 떼어 드렸습니다. 행복해하시는 걸 보면서 또 좋았습니다.

불교도가 아니라면 말을 좀 바꿔도 좋습니다. 여러분들도 말을 가다듬어서 명상의 한 방편으로 삼아보시지요. 골프에도 참 좋을 듯합니다.

memo

• 아름다운 거리

20년간 몇천 명의 스윙을 보다 보니 너무 가까워도 안 되고 너무 멀어도 안 되는 공과 골퍼의 거리가 조금은 보입니다. 뭐라 말로는 설명하기 어려운, 너무 뻣뻣하게 서서 공과 멀어져도 안 되고 너무 주저앉아서 가까워도 안 되는 3차원의 거리. 표준화되고 일반화된 거리가 아니라 현재 스윙에 어울리는 거리. 그 거리가 느낌으로 전해져 옵니다.

그런데 사람과의 거리는 여전히 안 보입니다. 너무 멀어서 섭섭하고 너무 가까워서 갈등이 생기는, 너무 멀어서 그립고 너무 가까워 질곡이 되는. 부부, 자식, 동료, 거래처, 사랑하는 사람과의 거리. 분명 아름다운 거리가 있을진대 여전히 거리 유지가 어색하고 어렵습니다.

골프가 20년 걸렸다면 사람의 거리는 40년이면 될 건가요. 공과의 거리가 어렵게 느껴지거든 사람과의 거리를 생각해보세요. 공보다 더 자주 마주해야 할 우리.

"당신과 나는 지금 아름다운 거리에 서 있는 건가요?"

20 . .

20 . .

20 . .

20 . .

20 . .

MAY

GOLF DIARY

17

memo

20 . .

20 . .

20 . .

20 . .

20 . .

MAY

• 비교의 맹점

나의 현재와 누군가의 현재를 비교하는 일, 조심스러워야 합니다. 예를 들면 이런 거죠. 누구는 싱글인데 나는 이제 비기너다.

이런 비교에는 상당한 비약이 있고 논리적인 맹점이 있습니다. 그가 싱글이 되기까지 내가 놀고 있었던 것도 아니고 그가 이룬 가치가 있다면 내가 이룬 가치가 그에 못지 않을 수도 있는 거죠. 그런데 내가 이룬 것보다 그가 이룬 것이 더 가치 있어 보일 수 있습니다.

그래도 비교의 맹점은 여전합니다. 결과가 아니라 과정에 가치를 두세요. 얼마나 높은 산을 올랐는가가 아니라 지금 여전히 산을 오르고 있다는 사실이 중요한 것이고 높고 깊은 산을 오르는 보람과 동네 앞산을 오르는 즐거움의 크기는 애당초 비교의 대상이 되지 못하기 때문입니다.

과정이 갖는 가치는 누구에게나 지극히 고유하고 결과는 흉내 낼 수 있어도 과정을 모방하기는 쉽지 않은 법이니까요.

골프! 과정을 만끽할 일입니다.

memo

• 때

밀려오는 그네를 굴러줘야 할 적당한 때가 있는 것처럼 백스윙에서 다운스윙으로 전환되는 절묘한 '때'가 있습니다. 코킹이 풀리고 클럽을 쥐고 있는 손바닥이 뒤집히면서 모든 에너지가 공이라는 한 점으로 모이는 찰나의 순간 임팩트가 있는 것처럼, 모든 일에는 '때'가 있습니다. 너무 일러도 안 되고, 너무 늦어서도 안 되는 적절한 때가 있지요.

'때'를 맞추는 것은 너무도 미묘해서 욕심을 가지면 눈이 흐려 보이지 않고 긴장해도 흐트러지고 맙니다. 그 '때'라는 것은 너무도 짧은 순간이어서 조금이라도 집중력이 흐트러지면 어느새 저만치 도망치고 맙니다. 담대하고 차분한 마음, 평상심으로만 그 '때'를 알 수 있을 것인데, 지금 우리 때를 놓치고 있는 일은 없습니까? 더 늦기 전에 한 번 돌아볼 일입니다.

20 . .

20 . .

20 . .

20 . .

20 . .

GOLF DIARY

19

memo

20 . .

20 . .

20 . .

20 . .

20 . .

MAY

• 복

골프 치는 사람들에게 복은 뭔가요? 얼핏 생각하면 오비 났던 공이 살아 돌아오고 해저드로 날아가던 공이 나뭇가지를 맞고 온그린 되는 신묘한 샷들? 생애 베스트 스코어? 쭉쭉 빵빵 드라이버? 할 때마다 돈 따서 친구들 밥 사주기? 골퍼들에게 가장 큰 복은 '골프를 계속 칠 수 있는 것!' 이거 아닌가요?

아주 단순하지만, 그 속에는 많은 의미가 함축되어 있습니다. 본인의 건강과 직계가족의 건강이 담보되어야 하고 주 1회든 1달에 1번이든 계속할 수 있는 시간적 경제적 여유가 확보되어야 하고, 함께할 사람이 있어야 합니다. 그것도 그냥 사람이 아니라 나와 골프를 치고 싶어서 하는 사람이겠죠!

골프를 칠 기회가 많아지고 골프를 함께할 사람이 주변에 넘치는 것, 골퍼들에게 그보다 더한 복이 있을까요.

memo

• 뻔한 기적

가을이 되면 낙엽이 지는 일 참 신기한 일이고, 그 낙엽 다 지고 나면 어김없이 겨울이 온다는 것도 마흔 번을 훌쩍 넘게 겪고 있지만, 또 신기합니다. 과학이기 이전에 감동입니다. 당연하게 보면 너무 뻔한 일상의 일들이 경이와 감사의 눈으로 보면 또 그렇게 보입니다. 아직 살아 있는 친구가 운전할 수 있는 건강이, 공부는 좀 못하지만 건강한 아들이 실은 '기적'입니다. 어김없이 오는 전철도 아직 걸을 수 있는 다리도 망하지 않고 굴러가는 직장도 다 경이롭습니다.
무엇보다 스윙할 수 있다는 것, 그 스윙에 공이 날아가 주는 것만 해도 충분히 신적이고, 충분히 사랑스럽습니다.
오늘 하루 뻔한 일상에서 감사와 감동을 찾아보면 어떨까요?

20 . .

20 . .

20 . .

20 . .

20 . .

memo

20 . .

20 . .

20 . .

20 . .

20 . .

• 시나리오

영화감독 우디 앨런은 〈거장의 노트를 훔치다〉란 책에서 이런 얘길 합니다.
"감독이라면 자신을 위해 영화를 만들어야 한다. 어떠한 난관에 부딪히더라도 영화를 처음부터 끝까지 확실히 자신의 것으로 만드는 것이 모든 감독의 의무다. 감독은 언제나 영화의 주인이 되어야 한다. 감독이 노예가 되면 그 즉시 끝장이다. 자신을 위해 영화를 만들어야 한다는 말이 관객을 무시해야 좋다는 뜻은 아니다. 자신을 즐겁게 하는 영화를 만들고 그것을 잘 만들면 관객, 적어도 특정한 관객 또한 즐겁게 만들 수 있다. 그렇지만 관객이 무엇을 좋아하는지 알려고 애쓰거나 관객이 좋아하게끔 하려고 애쓰는 것은 잘못이다. 그럴 바에는 관객을 촬영장으로 불러 감독을 시키는 게 낫다."
골프 치는 사람에게도 똑같은 이야기를 해 줄 수 있을 것 같습니다. '자신의 골프'를 만들어야 한다고, 누군가를 위해서, 누군가에게 보이려고, 누군가를 이기려고 해서는 안 되는 일이라고 내가 즐거워야 하는 거라고. 아이들에게도 똑같은 이야기를 해 줄 수 있을 것 같습니다. '하고픈 공부', '하고픈 일'

memo

20 . .

20 . .

20 . .

20 . .

20 . .

을 하라고.
아직 없다면 그것을 찾는 것이 먼저라고. 내가 아닌 세상이나 타인의 관점을 쫓아가다 보면 나도 남도 불행하게 만들 것이라고. 어찌 영화감독만이 감독이겠습니까? 우리 삶 전체가 한 편의 영화라면 우리 각자가 '감독'입니다.
우디 앨런은 또 이런 이야기를 합니다.
"부족하거나 준비가 안 된 시나리오를 보면서 '괜찮아. 촬영장에서 바로 잡으면 되지'라고 생각하면서 촬영을 시작하는 것은 치명적인 실수다. 좋은 시나리오가 있으면 연출을 못해도 꽤 괜찮은 영화를 만들어낼 수 있지만 형편없는 시나리오를 쥐었을 때는 연출을 눈 부시게 해도 큰 차이를 낼 수 없다."
골프나 인생이 왠지 잘 풀리지 않는다면 이제까지의 영화가 영 신통치 않고 마음에 들지 않는다면, 들고 있는 시나리오를 다시 검토해 봐야 합니다. 지독한 '불운의 시나리오'나 '비극의 시나리오'를 들고 있다면 과감히 던져 버리십시오. 차라리 깊이가 덜하더라도 희극이 좋습니다.

GOLF DIARY

23

memo

20 . .

20 . .

20 . .

20 . .

20 . .

MAY

• 모진 세월

"간다.
우지 마라 간다.
팍팍한 서울 길, 몸 팔러 간다."

이쯤에서 눈물이 막 흐릅니다. '간다'라는 데 눈물이 맺히고 '팍팍하다'라는 데 숨이 턱턱 막힙니다. 몸을 판다는 데 공감이 너무 되면서 막노동이 아니어도 사창가의 그 사람이 아니어도 몸 파는 우리들의 일상이 호흡을 넘어섭니다. 울컥.

윗글은 김지하의 '서울 길'이라는 시입니다. 시인지 노랜지 알 수도 없고 그저 술 마시고 돌아선 골목길에서 언제나 그의 노래를 흥얼거리고 선불리 공감이 안 가는 그 노래는 생활의 외진 모퉁이를 함께합니다.

세상의 겨울도 참 많이 겪었습니다. 별의별 겨울을 다 겪었지만, 아들이 군대 간 겨울은 처음입니다. 차라리 내가 추우면 좋을 겨울을 아들이 쓰라릴 겨울은 참 다릅니다. 이런 세월 저런 세월 다 겪었다 싶은데 아직도 다 못한 모진 세월이 있다는 게 신기합니다.

memo

• 비움의 크기

노자의 도덕경에서 인용한 내용입니다. 아무리 맛있는 음식이 눈앞에 놓여 있어도 내 손에 쥐고 있는 뭔가를 놓아야 집어먹을 수 있습니다. 누군가 귀한 물건을 주어도 빈손이 있어야 받을 수 있습니다. 여름이 생명의 풍성한 채움이라면 겨울은 텅 빈 여백의 극치입니다. 계절은 우리에게 비우라고 또 비우라고 그래야 봄도 있고 여름도 있는 것이라 말하고 있는데, 용기의 크기가 쉬 변치 않는 한정된 것이라면 비움의 크기가 바로 채움의 크기일 텐데.

20 . .

20 . .

20 . .

20 . .

20 . .

memo

20 . .

20 . .

20 . .

20 . .

20 . .

• 그대를 사랑합니다

얼마 전 딸아이가 읽다가 던져 놓은 〈그대를 사랑합니다〉라는 '강풀'의 만화를 눈물을 찔끔거리며 읽었습니다.
그림을 따라가다 보면 마음이 따뜻해지는 '노인들의 사랑 이야기'입니다. 노년의 삶을 터무니없이 미화시켜 놓았다거나 동화적으로 꾸며 놓은 것도 아닙니다. 어떤 면에서는 묘사가 지나치리만치 사실적이어서 오히려 더 눈물겹고 안타깝고 수긍이 가는 그런 만화입니다.
강풀은 노년에도 그런 아름다운 사랑을 할 수 있는 것이라면 지금부터의 세월이 그리 회색빛만은 아닐 것이라는 희망(?)도 품게 합니다.
동네 할머니를 사랑하면서도 사랑한다 말 못 하고 속을 끓이는 할아버지께 '더 늦으면 영영, 사랑한다 말할 수 없을지도 모른다'라고 '시간이 없다'라고 재촉하는 손녀딸의 간절한 목소리는, '그 사랑은 우리에게 큰소리로 외친다. 제발 당신의 삶을 놓지 말라고, 아직 경험하지 못한 사랑이 우리가 알고 있는 것보다 훨씬 더 많다고, 경계를 무너뜨리라고, 그 너머에서 우릴 기다

memo

20 . .

리고 있는 자유를 향해 과감히 경계를 넘어서라고.' 폴라다시가 쓴 〈이별 수업〉이라는 책에서의 당부와 겹쳐집니다.

〈그대를 사랑합니다〉도 〈이별 수업〉도 모두 죽음이라는 과제 앞에서 인간이 얼마나 나약해질 수 있는지 또 얼마나 숭고해질 수 있는지를 보여주고 있습니다. 생의 마지막 순간까지 감사와 사랑을 놓지 않았던 모리 교수와 이 땅의 평범한 할아버지 할머니들의 사랑 이야기는 살아 있는 동안 진정으로 중요한 것이 무엇인지를 극명하게 드러내 줍니다.

지금 힘들고 어렵더라도 '자신의 생을 사랑하는 끈' 하나 놓지 않고 가다 보면 경계를 넘어서는 새로운 관계나 경험하지 못한 사랑들이 넘치도록 많이 기다리고 있다는 거죠.

그러니 '끈' 꼭 붙드세요. 골프채도.

20 . .

20 . .

20 . .

20 . .

MAY

GOLF DIARY

27

memo

20 . .

20 . .

20 . .

20 . .

20 . .

MAY

• 밥벌이

세상을 구하겠다 날뛴 적도 있었고 사업 그 자체가 목적이 되었던 적도 있었지만, 저도 한때 '밥거리'를 마련하기 위해 온전히 그 하나의 목적을 위해 일을 한 세월이 있었습니다. 밥벌이가 일이고 일이 밥벌이였습니다. 먹고산다는 일 그 자체가 숭고한 일이라는 걸 그때 뼈저리게 느꼈습니다. 내 아이의 한 끼 식사를 위해! 하루하루 내 허기진 배를 위해! 일한다는 것, 그렇게 일할 자리가 있다는 것 감사하고 고마웠습니다.

누구보다 많이 먹고 누구보다 맛있는 것을 먹는 것! 중요치 않았습니다. 그저 밥을 먹을 수 있다는 것이 너무 고달프고 감사했던 그 자리가 제 인생 후반전의 시작이었습니다. 그 절박한 '일의 자리'에서 바라본 세상살이라는 것이 지금 제가 살아가는 맛이고 어쩌면 힘이 되고 있습니다.

골프도 그 자리에서 보니 참 달랐습니다. 그런 관점의 변화를 거치면서 골프도 매우 단단해졌던 것 같습니다.

무엇이든 일 그 자체로 숭고하고 고마운 자리라는 거 잊지 마십시다.

memo

• 인생 한 타

'우연처럼 찾아온 기회의 순간에 얼마나 겸허한 마음으로 선택했는가?', '운명처럼 다가온 위기의 상황에서 얼마나 신중한 선택을 했는가?'가 그날의 스코어를 결정합니다. 명백하게 '이게 아닌데' 싶을 때 '클럽을 바꾸러 가기 싫어서', '귀찮아서', '대충 어떻게 되겠지'라는 생각으로 저지른 샷이 제대로 되는 꼴을 보지 못했습니다. '어쩔 수 없었다'라고 '그게 그 순간에는 최선이었다'라고 이야기들 하지요. 하지만 조건과 상황에 밀려서 했던 선택들은 늘 아쉬움과 후회를 남깁니다.
그러니 이미 늦었다고 생각되는, 돌이킬 수 없다고 생각되는 그 순간조차도 최선을 위한 심사와 숙고는 계속되어야 합니다. 인생 한 타를 줄이는 데 '늦었다'라는 것은 없습니다.

20 . .

20 . .

20 . .

20 . .

20 . .

memo

20 . .

20 . .

20 . .

20 . .

20 . .

• 직립直立의 슬픔

언젠가 학교 근처를 걷다가 놀이터에서 넘어지면 일어서고 넘어지면 또 일어서는 아이와 묵묵히 기다리는 아이의 엄마를 본 적이 있습니다.

아이 엄마의 눈에 애처로움과 뿌듯함이 가득하지만, 아이의 노력은 처연하여 무엇이 그토록 힘든 직립을 부추기는가 싶습니다. 서지 못하면 도태되는 생존의 본능일까요, 이기적인 유전자의 명령일까요.

그토록 어렵게 일어서서 아이가 마주쳐야 할 세상은 어떻습니까. 내 마음 고요하면 천국이지만 마음 하나 잘못 먹으면 나락으로 떨어집니다.

업적이나 성공이 아니라 '행복에 이르는 길'을 찾기에 아이가 겪어야 할 시련의 크기는 얼마일 것이며 세상은 또 얼마나 잔혹하게 길이 아닌 길로 아이를 인도할 것인가요.

골프를 배우는 나이 많은 학생들을 보는 심정도 그렇습니다. 안타까워 얼른 달려가 일으켜 주고 싶지만 결국 혼자 가야 할 길이기에 스코어나 스윙이 아니라 '골프와 더불어 행복에 이르는 길'을 스스로 찾도록 기

memo

다립니다.
넘어지면 일어서고 넘어지면 또 일어서는 우리들 모두의 처연한 노력이 본능적이거나 세속적인 성취가 아니라 더불어 사는 본질적 가치를 위한 것이기를 간절히 기도할 따름입니다

20 . .

20 . .

20 . .

20 . .

20 . .

memo

20 . .

20 . .

20 . .

20 . .

20 . .

• 어디 골프만 치러 왔겠습니까?

꽃 사러 들어온 사람이 어디 꽃만 사러 온 것이겠습니까?
옷 사러 들어온 사람이 어디 옷만 사러 온 것이겠습니까? 달콤 새콤, 사연을 꽃에 담아보고 안타깝고 외로운 사연들이 옷을 사게도 하겠죠.
그 '사연의 사연'들이 있을 것이고 '마음의 배후'가 또 있을 겁니다.

골프를 배우러 오는 사람 골프를 치러 가는 사람 어디 골프만을 위한 것이겠습니까?
골프 치고 오는 사람이 어디 골프만 하고 오는 것이겠습니까?
잠깐 스쳐서 억겁의 인연이라면 한 번의 라운드는 도대체 얼만큼의 업을 쌓은 것이며, 몸을 잡고 부딪치며 골프를 가르치고 배우는 인연은 또 얼마나 깊은 것일까요?
맺어지기도 어려운 것이지만 맺어진 인연을 순리대로 풀어가기는 더욱 어렵고 힘이 듭니다.
장엄한 인연에 삼가 머리를 숙입니다.

Golf Diary

June

6월

memo

20 . .

20 . .

20 . .

20 . .

20 . .

• 번뇌

절대 변치 않을 것이라는 터무니없는 믿음은 제발 변치 말라는 간절한 바람과 욕심의 산물이겠지요. 존재가 변한다는 것을 모른다기보다는 변심이나 변절을 인정하고 싶지 않은 것일 테고 어쩌면 그걸 인정함으로써 스스로 감당해야 할 유무형의 피해를 떠안고 싶지 않다는 절규일지도 모릅니다.

변하지 않도록 할 수는 없지만, 더디 변하도록 할 방도가 없진 않습니다. '스윙'을 예로 들어볼까요? 누구나 변치 않는 스윙을 갈망하죠. 스윙의 변화를 줄이려면 어떻게 해야죠? 끊임없는 연습! 마음의 평정! 그것 외에는 어디에도 답이 없는 거 아닌가요? 그런데 꾸준한 연습이 쉽습니까? 마음의 평정은 또 어떻습니까? 하물며 스윙이, 골프가 그러할진대 사람과의 사랑이나 먹고 사는 문제들! 그것보다는 조금 더, 쪼~끔은 더 공功을 기울여야 하는 건 아닐는지요? 아니면 변화를 능동적으로 수용하든지요!

memo

• 아름다운 마무리

우리의 생은 태어나고 죽는 하나의 시작과 하나의 마무리 그 사이에 있습니다. 그리고 그 '사이'는 수없이 많은 시작과 수도 없이 많은 마무리가 고리처럼 연결된 거죠. 끝도 시작도 없이 이어진 고리 속에 골프도 하나의 사건이 되어 앞과 뒤의 삶을 이어주고 있습니다.

골프의 아름다운 마무리는 오늘의 골프 그 자체를 감사히 여기는 것, 매 홀 내가 만들어온 스토리가 바로 스코어인 것이지 다른 길이 없었음을 깨닫는 것, 오늘 골프의 흥망과 성쇠가 나를 성장시켰음을 믿는 것, 내게 일어난 행운과 불운의 모든 과정과 의미를 깊게 이해하고 성장의 기회를 준 오늘의 골프와 더불어 골프를 나눈 사람들에게 진심 어린 감사를 표하는 것, 그것이 골프의 아름다운 마무리입니다.

그렇게 한번 한 번의 골프를 아름답게 마무리할 수 있다면 다른 모든 마무리도 아름다울 수 있지 않을까요? 작은 마무리들이 아름답게 모이고 쌓여 이 삶이 끝나는 순간이 비로소 아름다울 수 있을 겁니다.

20 . .

20 . .

20 . .

20 . .

20 . .

JUNE

memo

20 . .

20 . .

JUNE

20 . .

20 . .

20 . .

• 1천만 원

"1천만 원 주면 어디다 쓸 거요?"
갑작스러운 질문으로 인한 당혹감을 지나치고 나면 사실 돈 천만 원 쓸 곳을 생각해내는 것은 그리 어려운 일이 아닐 겁니다. 살면서 쌓인 부채의 정리, 신세 진 사람들에 대한 보은을 생각해보더라도 어쩌면 천만 원은 턱없이 부족할 수도 있습니다.
그런데 질문을 다시 돌려서 부채의 정리나 보은 자금이 아니라 "1천 만 원을 순전히 너 자신을 위해 써"라고 하면 어떨까요?
게다가 그렇게 돈을 써서 "너 자신이 행복해지겠냐?"는 부가적인 질문까지 딸려 있다면요? 혼자서 맛있는 것을 먹으러 간다? 골프 라운드를 실컷 한다? 끝내주는 호텔에서 하룻밤 잠을 잔다? 명품을 산다? 1천만 원 쓰기가 그리 녹록한 일도 아니고 쓴다 해서 지금보다 더 행복할 것 같지도 않습니다.
1천만 원이라서 그런가요? 1억쯤 되면 경기도 변두리의 회원권이라도 하나 사나요? 회원권이 있는 골프는 지금보다 더 많이 행복하려나요? 마치 자신은 돈을 벌고 성공해야 하는 아주 뚜렷하고 구체적인 목적을

memo

20 . .

가진 듯하지만, 자신의 행복이라는 목적은 어디 갔는지 스멀스멀 사라지고 성공을 위해 저질러 놓은 일들의 수습, 성공한 척하느라 마련한 것들의 지킴, 성공을 위해 보류하고 저당 잡힌 것들에 대한 부담, 그런 저런 것들이 너저분하게 삶을 메우고 있습니다.

"제발 좀 놀아라", "재미있어 죽겠을 정도로 좀 놀아라", "놀 궁리를 먼저하고 그렇게 놀기 위해 돈이 필요하면 돈을 벌고, 성공이 필요하면 성공을 계획하라"라는 김정운 교수의 목소리가 오래도록 귓가에 맴맴 거립니다.

20 . .

20 . .

20 . .

20 . .

memo

20 . .

20 . .

20 . .

20 . .

20 . .

• 그냥 사랑하면 됩니다

기대한 만큼의 스코어가 안 나온다고 툴툴거리지 말고 그냥 사랑하면 됩니다.
원하는 샷이 이게 아니라고 그만큼 시간과 정성을 들였으면 어느 정도 성의는 보여야 하는 것 아니냐고 이야기도 기대도 말고 그냥 사랑하면 됩니다.
뭘 바라고 기대는 것은 사랑이 아니라는 것도, 만나야만 가능한 것이 사랑이 아니라는 것도, 기다림의 기나긴 과정이 더 아름답다는 것도 아는데 '눈으로 봐야 사랑할 수 있다', '주고받는 것 아니냐' 의심하고 서두르고 혼자 이별을 고하기도 하고 심지어 미워하기조차 합니다.
그냥 붙들고 가다 보면 그것만으로도 한없이 아름다울 텐데 과정이 눈물겨워 결과도 찬란할 텐데 그냥 가만두고 보지를 못합니다.

memo

• 닿을 수 없는 것이 사랑

닿을 수 없기로는 '자식'만 한 것이 없고 품을 수 없기로는 '골프'만 한 것이 없습니다. 건넜다 싶으면 도로 제자리, 다가섰다 싶으면 성큼 도망치기로 골프와 자식은 동격입니다. 그러니 기어이 사랑입니다. 그리움이고 안타까움이고 조금만 더 가면 닿을 수 있을 듯, 신기루 사랑입니다. 어차피 건널 수 없고 어차피 닿을 수 없고 품을 수도, 만질 수도, 부를 수도 없는 것이 사랑이라면, 과정을 만끽하고 과정에서 충분히 행복해야 합니다.

과정에 충만치 못하면서 결과에 얽매이면 깊은 나락으로 떨어지고 맙니다. 키우는 맛이 자식이고 닦는 재미가 골프인 겁니다.

20 . .

20 . .

20 . .

20 . .

20 . .

memo

20 . .

20 . .

20 . .

20 . .

20 . .

• 5 why

첫 번째 why : 왜 그토록 슬라이스가 나는가?
- 임팩트 순간에 클럽 페이스가 열려서

두 번째 why : 그러면 클럽 페이스는 왜 열리는가?
- 몸의 회전과 클럽 페이스 운동의 밸런스가 깨져서

세 번째 why : 몸의 회전과 클럽 페이스의 운동 밸런스는 왜 깨지는가?
- 몸의 회전이 너무 급하고 과격해서 클럽 페이스가 스퀘어가 될 겨를이 없어서

네 번째 why : 몸의 회전은 왜 그리 과격한가?
- 글쎄? 평소 자신이 보낼 수 있는 안정적인 거리보다 더 멀리 보내고 싶어서

다섯 번째 why : 왜 그렇게 더 멀리 보내고 싶어하는가?
- 날아보고 싶어서? 남자들의 로망? 자존심?

memo

20 . .

- 숏 게임에 자신이 없으니까 우선 멀리라도 보내고자 하는 심리?

그 마음을 다스리거나 반복의 양을 늘리지 않는 한 슬라이스에 관한 그 어떤 기술적인 처방도 소용없습니다. 노경원 작가의 〈생각 3.0〉에서 언급된 5why 질문법을 보고 골프 아니라 그 무엇이라도 누군가를 가르치거나 치료하려면 적어도 다섯 번은 물어야 하겠다는 것이 제 생각입니다.
자신을 치료할 때도 마찬가지입니다. 아니면 그런 물음으로 사는 전문가에게 맡기는 것이 상책입니다.

20 . .

20 . .

20 . .

20 . .

memo

20 . .

20 . .

20 . .

20 . .

20 . .

• 하루 한 번 하늘 보기

우리 집은 주차장이 지하에 있습니다. 조그마한 아파트 단지인데 지하 주차장을 넓게 파서 지상에는 아담하게 정원과 놀이터를 꾸며 놓았습니다. 꽤 고즈넉합니다. 자신이 사는 지하에 차를 주차하면 바로 집으로 올라갈 수 있는 계단이 있습니다. 편리하죠!
그런데 며칠 살다 보니 아침이고 저녁이고 차에서 내리면 하늘 한 번 볼 틈도 없이 바로 집, 바로 차, 그렇더군요. 하루의 첫 하늘과 마지막 하늘을 볼 수가 없는 거죠. 이건 아니다 싶어 그 계단을 이용하지 않기로 했습니다.
꽤 돌아가지만, 아침에 집을 나서면서 하늘을 한 번 보고 '오늘은 어떤 빛나는 만남이 있으려나', '어떤 기쁜 소식이 기다리고 있으려나' 숨을 깊게 들이쉬면서 애써 희망에 부풀어 봅니다. 저녁에 들어설 때도 '오늘 하루 수고했다', '무사히 기적 같은 하루가 지나갔구나', '어디 아픈 데는 없니?' 하면서 하늘을 한 번 우러릅니다.
어슴푸레 달이 답을 하는 날도 있고 초롱초롱 별님이 어깨를 토닥이는 날도 있습니다. 하늘 아래 살면서 하늘 한 번 쳐다보기가

GOLF DIARY

10

memo

20 . .

20 . .

20 . .

20 . .

20 . .

그리 쉽지를 않습니다. 출근길 여기저기 산들이 널려 있지만, 그 산에 눈길 한 번 주기가 쉽지 않습니다.

라운딩하면서 산과 들의 경치가 눈에 들어오는 날은 골프가 잘 되는 날입니다. '이 샷 저 샷 잘 되니까 경치 볼 여유도 생기는 거다' 싶겠지만 가만히 자신의 골프를 들여다보세요. 그게 아닙니다.

그런 여유를 애써 가지니 골프가 잘 되는 겁니다.

JUNE

memo

20 . .

20 . .

20 . .

20 . .

20 . .

• 이젠 알아요

서두르지 않겠습니다. 세상 일들이란 혼자 하는 것이 아니고 무엇 하나 거저 되는 일이 없다는 것을 저도 이제 알 만한 나이가 되었으니까요.

뭔가를 이루었다면 많은 사람이, 세상이 그것을 원하고 있었던 거고, 뜻은 장대하지만 이루고자 하는바, 다 이루지 못했다면 저 혼자 원했을 뿐 사람들이 공감하고 세상이 공명할 일이 아니어서 그렇다는 것을 이제는 아니까요. 얻고자 하는 것을 얻기에 생은 그리 짧지 않고, 결국 다 이루지 못했다고 해도 걸어온 길이 아름다웠다면 그것으로 충분하다는 것도 이젠 아니까요.

쪼개면 쪼갤수록 커지는 것이 '밥'이고, 나누면 나눌수록 커지는 것이 '사랑'이고, 보태면 보탤수록 커지는 것이 '꿈'이란 것을 이제 알 것도 같으니까, 저도 서두르지 않겠습니다. 느린 걸음으로 천천히 그렇지만 끊임없이.

memo

• 내가 없는데….

우리가 보통 '내 것이야' 이렇게 이야기할 때는 내 마음대로 할 수 있는 것을 지칭합니다. '내 차'가 그렇고 '내 집'이 그렇고 장난감이 그러했습니다. 그런데 내 몸은 어떻습니까? 아프기 싫은데도 아프고 쉬고 싶은데도 쉴 수가 없고 오비를 내기 싫은데도 기어이 오비를 내고야 맙니다. 가서는 안 될 자리에 가고 싶은 마음이 있고 먹으면 안 되는 줄 뻔히 알면서 먹고 싶은 마음이 있고, 결국은 제 하고 싶은 대로 하고야 맙니다. 몸도 마음도 내 맘대로 안 되니 내 것이 아닌가 봅니다.
내가 없는데 '없는 내가' 골프를 하려니 너무도 어렵습니다. 또 '있다고 한들' 늘 변하고 있을 텐데 몸동작 몇 가지를 배우면 다 된다고, 너무 쉽게 생각합니다.
김치가 익어가듯이, 장맛이 깊어가듯이 나를 비추는 거울삼아 '잃어버린 나'를 찾는 친구 삼아 쉬엄쉬엄, 갑시다.

20 . .

20 . .

20 . .

20 . .

20 . .

JUNE

GOLF DIARY

13

memo

20 . .

20 . .

JUNE

20 . .

20 . .

20 . .

• 완벽한 스윙은 없다

골프를 가르치다 보면 의외로 완벽주의자들을 자주 만나게 됩니다. 그들은 진지하고 열심입니다. 약간은 보수적이기도 하고요. 그 사람들은 스윙의 완벽을 추구합니다. 어떤 상황에서도 흔들림이 없는 샷을 갈망하지요.

바람 불고 비가 와도 내기를 해도 내기의 금액이 커져도 변함이 없는 샷. 그리고 아주 일관된 스코어를 바라 마지않습니다.

골프가 미치도록 아픈 이유는 가끔 이거다 싶은 완벽의 순간이 찾아온다는 거지요. 차라리 전혀 기별이 없으면 없구나 하고 살아갈 텐데 뜨문뜨문 그런 절정의 느낌이 '그분'이라는 이름으로 강림하신다는 사실이 내 골프를 미치게 합니다.

우리의 삶이 그러하듯 완벽이란 사실 없습니다. 혹여 그런 것이 있다면 그건 지극히 조건적인 완벽일 테죠. 연습장에서의 완벽은 실전에서 무너지고 맑은 날의 완벽은 비 오는 날 무너지고 아침 골프의 완벽은 저녁 노을에 연기처럼 스러집니다.

완벽 스윙, 완벽 골프를 가만히 내려놓으세요. 그저 어제의 스윙보다 오늘이 조금 나

memo

20 . .

아지도록, 오늘의 샷보다 내일이 조금 더 좋아지도록 노력을 게을리하지 않는다면, 실수와 행운이 교차하고 어우러지면서 스코어가 만들어져 가는 것을 느긋하게 즐기는 게임! 골프가 바로 보일 겁니다.

20 . .

JUNE

20 . .

20 . .

20 . .

GOLF DIARY
15

memo

20 . .

20 . .

JUNE

20 . .

20 . .

20 . .

• 다들 고만고만한 행복

아무리 '싱글'이 된다 한들 드라이버가 마음먹은 대로 날아가고 세컨드 샷이 언제나 핀을 향하고 대기만 하면 홀컵으로 빨려 들어가는 그런 거 아닙니다. 누구나 지치고 고민하고 좌절하고 또 분발하고 다시 시작합니다. 그걸 당연하게 받아들일 뿐입니다. 삶의 고통도 무게도 상대적입니다. 조금 더 힘들고, 편한 차이가 있을 뿐, 절대적인 고통도 절대적인 안정도 없는 거지요.
세상살이, '싱글'이 못 돼서 괴롭고 '싱글'이 되면 모든 문제가 해결되리라는 헛된 기대를 버려야 합니다. 조금이라도 빨리 싱글이 되는 단 하나의 비결은 '있는 그 자리에서 더불어 행복하기'입니다.

memo

• 도전의 의무

20 . .

붓글씨를 써놓고 보면 한 획이 마음에 거슬리고 그 한 획을 다듬다 보면 전체 밸런스가 흐트러지고 이거다 싶으면 먹의 농담이 적절치를 못하고 며칠이고 씨름을 하다 보면 어느새 '선생님 이거 저 가지면 안 돼요?' 할 만큼의 작품(?)이 되어있습니다. 그렇지만 여전히 불완전하고 어리숙합니다.

20 . .

골프를 치고 나서의 마음도 비슷하지요. 남들이 아무리 멋진 골프였다 훌륭하다 떠들어도 본인만이 알 수 있는 못난 구석들, 구멍이 숭숭 난 허접함에 낯이 붉어지기도 하고 남들이 다 터무니없다고 이야기하는 골프 속에도 사랑스러운 샷과 감동의 리커버리가 있기도 하지요.

20 . .

골프의 매력은 그 누구의 골프도 쉬 만족이 되지 않는다는 점 끝없이 도전하게 만든다는 비로 그 점 이니겠어요? 결국, 삶의 모든 화두는 '끝없는 도전!'입니다. 깊어가는 가을, 떨어지는 낙엽들을 보면서 도전은 생명의 본질일 거라는 생각을 또 해봅니다.

20 . .

20 . .

JUNE

memo

20 . .

20 . .

20 . .

20 . .

20 . .

• 다 내 삶입니다

초라한 라운드도 화려한 라운드도 다, 내 골프고 내 삶입니다.

미친 듯 잘 맞아주는 레인지의 샷들도 난을 치면서 날아가는 허접스러운 연습의 공들도 다 내 골프고 내 삶입니다. 척박한 대지든 아스팔트 끝자락이든 담벼락 틈새든 마다치 않고 생명의 환희를 드러내는 민들레처럼, 궂은날도 죽기 살기로 화사한 꽃처럼, 그렇게 살고 싶습니다. 그런 아름다운 이들과 함께하고 싶습니다.

memo

• 골프는 짧고 연습은 길다

삶의 굽이굽이 잊을 만하면 떠오르는 장면들이 있습니다. 오늘은 〈어린 왕자〉의 한 구절이 떠오릅니다.

"언제나 같은 시각에 오는 게 더 좋을 거야."
여우가 말했다.

"이를테면 네가 오후 네 시에 온다면 난 세 시부터 행복해지기 시작할 거야. 시간이 흐를수록 난 점점 더 행복해지겠지. 네 시에는 흥분해서 안절부절못할 거야. 그래서 행복이 얼마나 값진 것인가 알게 되겠지."

준비의 시간이나 기다리는 시간, 지루하고 고통스러운 연습의 순간들이 더 행복한 시간임을 인정하지 못한다면 우린 어찌 살 수 있나요? 골프는 짧고 연습은 긴데, 만남은 순간이고 과정은 고단한데, 결과적인 시간이나 '시간의 결과'에만 잔뜩 배점해놓으면 힘이 들어서 어떻게 살 수 있을까요?

그리움에 설레고 기다림이 싱그러울 때가 좋은 겁니다. 언젠가는 그리움을 그리워하고, 기다림이 그리울 때가 올 테니까요. 그리 먼 일이 아닙니다.

20 . .

20 . .

20 . .

20 . .

20 . .

memo

20 . .

20 . .

JUNE

20 . .

20 . .

20 . .

• 불행 골프의 왕도

하나, 연습은 전혀 안 하면서 실전만 거듭한다.

둘, 샷을 하면서 지난번 잘못했던 샷을 아주 생생히 떠올린다.

셋, 아슬아슬하게 체크인하고 슬라이딩으로 티업 시간에 딱 맞춰서 절대 시간의 낭비가 없도록 한다.

넷, 라운드 도중에 허기지면 안 되니 라운드 직전에 배가 빵빵해지도록 먹어서 간에 기별이 가도록 한다.

다섯, 퍼팅하기 전에 들어가지 않는 장면을 구체적으로 상상한다.

여섯, 티 박스에서 오비가 나거나 해저드에 들어가는 것을 걱정하고 상상한다.

일곱, 샷을 하기 전에 그동안 레슨받은 내용을 하나하나 복기한다.

여덟, 라운드하면서 스코어 카드를 끊임없이 확인하고 합계를 낸다.

아홉, 라운드하면서 동반자의 문제점과 캐디의 무능함을 꾸준히 찾는다.

열, 하늘과 바람, 땅과 나무, 새들의 노래마저 무시하고 오로지 공과 스코어에만 몰입한다.

memo

• 경계

우리는 누구나 평온한 삶을 꿈꿉니다. 그렇지만 욕구는 상승하고 충족은 더디다 보니 행복지수가 끊임없이 낮아집니다. 그래서 다들 '만족할 줄 알아라', '이 정도면 충분하다'고들 이야기하죠. 그렇지만 한편 이런 이야기도 있습니다. 만족은 무덤이고, 평온은 나태와 정체의 영토라는! 삶의 순간순간 만족과 불만 사이, 충분과 결핍 사이 지극히 어려운 경계에 마주 서게 됩니다. 이 순간을 감사하고 충분히 만끽하되 거기에 오래 머물지는 말자는 이야기! 번역은 되는데 이해는 안 되는 문장을 대하는 기분!
쉬운 일 아닙니다. '지독히 골프가 안 된다'고 하면 그만해도 잘하는 거라고 다독이고, '이만하면 골프 행복하다'라고 하면 거기 머물지 말고 한 걸음 더 내디뎌 보라고 또 새로운 경지가 기다리고 있노라고….
골프를 가르치는 일도 늘 칼날 같은 경계에 서 있는 기분입니다.

20 . .

20 . .

20 . .

20 . .

20 . .

JUNE

memo

20 . .

20 . .

JUNE

20 . .

20 . .

20 . .

• 지금 무엇을 하고 계십니까?

공사판에서 세 명의 목수가 일하고 있었습니다.
첫 번째 목수에게 묻습니다.
"지금 뭘 하고 계시죠?"
"기둥에 쓸 나무를 다듬고 있소."
두 번째 목수에게 묻습니다.
"지금 뭘 하고 계시죠?"
"뭘 하긴 뭘 해! 돈 벌고 있지."
세 번째 목수에게 묻습니다.
"지금 뭘 하고 계시죠?"
"예. 저는 부처님께서 머무실 법당을 짓고 있어요!"

골프든, 사업이든, 일이든, 누군가가 우리에게 지금 뭘 하고 있는지 묻는다면 뭐라 답할 수 있을까요! 아니, 답할 수 있는 뭔가를 하고 있기는 한 건가요.
"깨달음을 얻기 전에 나무를 패고 물을 길었다. 깨달은 후에도 나무를 패고 물을 긷는다"라는 말이 프레더릭 렌즈의 〈히말라야에서 만난 성자〉에 나옵니다.
지금 무엇을 하고 있는가보다 어떤 마음으로 그 일을 하고 있는가가 더 중요하고 같

memo

은 일도 마음가짐에 따라 전혀 다른 차원의 일이 될 수도 있습니다.
요즘 많이 힘드시죠. 게다가 골프마저 속을 썩이고…. 그렇지만 예서 머물 수는 없습니다. 호흡을 가다듬고 다시 한번 기운을 차려야죠. 인생 끝장에서나 할 청소부 일이 누군가에게는 지구의 한 모퉁이를 치우는 '거룩한 일'일 수 있습니다.
지금 당면하고 산적한 일들, 생활이나 생존이 아닌 새로운 의미를 부여해 봅시다.

20 . .

20 . .

20 . .

20 . .

20 . .

GOLF DIARY

23

memo

20 . .

20 . .

JUNE

20 . .

20 . .

20 . .

• 장타가 더 장타를 만나면

부지런한 사람이 더욱 부지런한 사람을 만나면 덜 부지런해집니다. 무뚝뚝한 사람이 더 무뚝뚝한 사람을 만나면 뭔가 말을 하게 되죠. 웃기는 사람이 더 웃기는 사람을 만나거나, '왕수다'가 '더 수다'를, 똑똑이가 더 똑똑이를, 장타가 더 장타를 만나면 침묵합니다.

'사람이 어떠하다'라는 것, 참 상대적입니다. 착한 사람이 더 착한 사람을 만나면 나쁜 사람까진 아니어도 덜 착해지는 것도 사실이니까요. 크고 작고, 길고 짧고, 잘하고 못하고가 다 그렇습니다.

그러니 부지런하고, 성실하고, 깔끔하고, 똑똑하고, 힘이 세고…. '나 잘난 것'을 드러내기보다 다른 사람이 그럴 수 있도록 기다려 주고, 띄워도 주고, 기회도 만들어 주고, 그래도 안 되면 넌지시 방법을 알려도 주고, 그러다 보면 내가 그리 잘나지 않아도 되니 세상이 편안~해집니다. 어쩌면 다른 사람들의 그런 '숨은 배려' 속에서 내가 살짝, 뜨고 있는 건지도 모르고요.

memo

• 눈감아 주기

아이들이 어렸을 때는 제 딴에는 잔뜩 머리를 굴려서 하는 거짓말인데, 어른 눈엔 뻔히 보이는 경우가 많습니다. 아이는 거짓이 통할지 아닐지 초긴장 상태겠지만 어른들의 심정은 복잡다단합니다. 귀엽기도 하고 이걸 그냥 두면 소도둑이 되는 건 아닌가 싶기도 하고 말이지요.
저는 슬쩍 눈을 감아주는 편입니다.
필드에서도 볼 터치! 알까기! 하수들의 거짓과 속임이 심심찮게 보입니다. 그것이 버릇되도록 놔둔다거나 몰라서 그러는 것이야 지적을 해줘야 하지만 그 순간순간 지적을 한다거나 흉을 보면서 상처를 줄 필요는 없다는 생각입니다.
조금만 기다려 주면 그런 종류의 속임이 더 큰 실수나 아픔으로 이어지고 남은 속일 수 있을지라도 결코 자신을 속일 수는 없기에 거짓은 더 큰 짐으로 다시 돌아온다는 사실을 스스로 깨닫게 되거든요. 우리도 다 그렇게 컸습니다.
세월을 지나고 보니 낯 뜨거운 거짓말들을 견뎌주신 부모님, 선생님, 형님, 누나들이 고마울 따름입니다.

20 . .

20 . .

20 . .

20 . .

20 . .

GOLF DIARY

25

memo

20 . .

20 . .

20 . .

20 . .

20 . .

JUNE

• 시간의 밀도

시간은 우리에게 똑같이 주어져 있지만 보내는 방식에 따라 훨씬 다양한 밀도로 느껴진다는 거 모두 알고 계시죠? 갑자기 한가한 시간이 주어진다거나 자투리 시간이 있는데 좀 '진하게' 시간을 보내면서 시간이 주는 기쁨을 즐겨보시려는 분들께 몇 가지 아이디어를 드리고자 합니다.

제일 손쉬운 방법은 하나의 사물을 오래도록 쳐다보는 겁니다. 이왕이면 평소에 흔히 지나쳤던 미미한 물체(?) 꼬물꼬물 움직이는 생물(?) 이런 것들이면 더 좋습니다. 1분 2분 아니 10초 20초가 엄청 긴 시간이란 걸 느끼게 되면서 밀도 up!

좀 더 적극적인 방법은 늘 하던 일을 천천히 완연히 다른 속도로 무진장 천천히 해보는 겁니다. 길을 걷던 중이라면 천천히, 글씨를 쓰던 중이었다면 천천히 아주 천천히 또박또박, 밥 먹는 시간이면 천천히 꼭꼭. 어쩔 수 없어서 했던, 빨리빨리 해치워 버렸던 '사소한 행위'들이 하나하나 의미가 있고 기쁨을 주는 일이었음을 알게 됩니다.

그리고 다른 방법도 있습니다. 평소 쓰지 않던 손이나 근육을 써 보는 것, 평소 다니

memo

20 . .

지 않던 길이나 잘 가지 않던 곳을 가보는 것도 무심한 반복으로 지치고 지루해서 졸고 있던 세포들의 긴장감이 살아나면서 시간의 밀도가 엄청 높아집니다.
골프 연습으로도 시간의 밀도를 높일 수 있습니다. 눈 감고 스윙하면서 클럽의 끝으로, 손으로 무릎으로, 골반으로, 몸의 각 부분으로 관심을 보내고 신경을 집중해 보기. 거울 보면서 천천히 스윙하기. 오른팔 한쪽 팔로도 해보고 왼팔로도 해보고…. 무작스럽게 공치기 바빠서 느낄 줄도 알 수도 없었던 바른 몸놀림을 절로 깨닫게 됩니다. 공한테 마음을 뺏겨서 그렇지, 몸은 이미 알고 있었던 것이니까요.
그 밖에도 깊이 호흡하면서 자신의 내장기관을 점검하기. 사물의 이름을 기쁜 목소리로 불러보기. 몇 가지 제 나름의 노하우가 더 있습니다.
한번 해 보세요. 결국, 뭔가를 이루어 간다는 것은 절대적인 시간의 산술적인 합이라기보다 '시간 밀도의 합'이 아닐는지요?

20 . .

20 . .

20 . .

20 . .

JUNE

memo

20 . .

20 . .

20 . .

20 . .

20 . .

• 그럼 된 거잖아요

몸에 좋다는 것만 찾아 먹고, 몸에 좋다는 짓만 하고, 건강에 좋지 않다는 것을 버리고 또 버리는데도, 병은 여전하고 아픈 사람은 더욱 많아집니다. 주위를 둘러보면 성한 사람이 별로 없습니다.

예쁜 것, 좋은 것, 순결한 것 다 좋은데 세상에는 그렇게만 존재할 수 있는 것은 없습니다. 더럽고 치사하고, 얼룩지고 멍들고, 얽히고설키고, 문드러지고, 뒤엉키고, 못났지만 투명하고, 바보 같은데 섬뜩하고, 더러운데 순결한 그런 것들이 이야기를 만들고 역사를 이루어 갑니다.

사실 우리 골프도 그렇지 않나요. 너무 간결 고결한 스윙이나 골프 쫓아다니지 마세요. 시간과 노력 대비한 결과일 뿐이지, 생각과 마음으로 만들어질 수 없다는 것 골프는 너무도 싸늘하게 냉정 담담하게 들려주고 있습니다. 저도 그렇게 담대하지도 순수하지도 못하지만, 골프에서는 또 '꼴푸'를 가르침에서는 나름대로 의미 있는 역할을 하고 있다고 자부합니다. 적어도 그렇게 되려고 모진 애를 쓰고 있고요. 그럼 된 거잖아요.

memo

• 말랑말랑한 뇌

1922년 새로운 원자 모델을 만들어 양자 역학의 성립에 결정적인 역할을 한 공로로 노벨 물리학상을 받은 '닐스 보어'는 대학 물리학과 시험에서 기압계로 고층 건물의 높이를 재는 방법을 묻는 문제에 '제출한 답 말고 다른 방법이 더 있는가?'라는 교수의 물음에 몇 가지의 답을 더 내놓았고 그 중 스스로 가장 만족한 방법은 '기압계를 건물 관리인에게 선물로 주고 설계도를 얻는다'였다는군요.

골프는 창의성을 묻고 있는데 '이럴 땐 드라이버를 쳐야 해', '세컨드 샷은 무조건 그린 가까이 가야 해', '30야드나 50야드는 이렇게 해야 해' 상황과 조건을 무시한 채, 당신은 획일화된 답을 내놓고 있는 건 아닙니까? 여건도, 조직도, 시장도 급변하고 있는데 여전히 우린 '어제의 그 답'을 내놓고 있는 것은 아닌지요?

20 . .

20 . .

20 . .

20 . .

20 . .

memo

20 . .

20 . .

JUNE

20 . .

20 . .

20 . .

• 분별 대신 향기

우리네 삶도 꽃필 때가 있지요. 필드에서 그 황홀한 순간을 맞이하기도 하지만 일을 하면서도, 연구하면서도, 사랑하면서도 어느 순간 환히 꽃필 때가 있습니다. 그런데 그 순간은 어김없이 내 안의 모든 것을 다 쏟아내었을 경우입니다. 계산하고 아끼고 망설여서는 결코 그 눈부신 순간을 맞이할 수 없습니다. 비록 우리 늙음의 유전자를 갖고 태어난 종족이지만, 시비와 분별로 일상이 얼룩지긴 하지만, 때론 수많은 사람의 심금을 울리는 향기를 품는 존재이기도 합니다.

memo

• 행복 저축

행복한 순간 사람들은 그런 행복이 언제까지나 계속될 것으로 여기고 불행 속에 있노라면 끝이 보이지 않노라 한탄합니다. 행복이든 불행이든 그 어느 것도 영원한 건 없다고들 알면서도 막상 그 속에 들어서서는 길을 잃고 맙니다. 사람들은 행복은 떠벌리거나 자랑하고 불행은 애써 감춥니다. 행복도 불행도 나누어야 합니다. 숲 속이나 해저드로 사라진 동반자의 공을 함께 찾아주는 배려를 아끼지 마세요. 조그만 배려는 언젠가 자신에게 돌아올 테니까요. 그리고 안 돌아오면 어떤가요? 그 시간, 우리는 이미 더 많은 것을 누렸는데요.

20 . .

20 . .

20 . .

20 . .

20 . .

July

7월

GOLF DIARY

01

memo

20 . .

20 . .

JULY

20 . .

20 . .

20 . .

• 프로와 아마추어

프로는 주 3회 이상을 잔디와 놀고 하루 24시간을 골프에 바치는 사람입니다. 아마추어는 하루에 1시간도 골프에 시간을 할애하기가 어렵고 주 1회 잔디를 밟기도 힘겹습니다.

프로의 연습 시간은 6시간일 수도 있고 10시간일 수도 있지만 어떻게 하면 골프를 잘할 수 있을까를 꿈속에서도 생각하는 아니, 생각해야만 하는 사람입니다.

아마추어는 연습하고 있더라도 비즈니스를 끌어안고 있고 라운드를 하더라도 집안일을 내려놓지 못합니다.

프로는 하나의 부분 동작을 고치기 위해 만 번이 넘는 빈 스윙을 할 수 있는 사람이고, 아마추어는 스윙 전체를 만드는 데도 만 번의 스윙을 다 하지 못하는 사람입니다.

프로는 남의 눈치 볼 것 없이 자신의 스코어만을 생각하지만, 아마추어는 잘 쳐도 걱정 못 쳐도 걱정, 사람들의 관계에서 벗어날 수 없습니다.

프로는 적어도 10년 이상 골프를 해서 유연성과 지구력과 근력이 충분하고 스윙이 자동화된 사람이라면 아마추어는 몸의 준

memo

20 . .

20 . .

20 . .

20 . .

20 . .

비가 턱없이 부족해서 부상을 경계해야 하는 사람들입니다.
프로는 챔피언티에서 언더 파를 쳐야 하지만 아마추어는 보기 플레이만 안정적으로 하면 됩니다.

프로와 아마추어는 다릅니다. 목표도 다르고, 과정도 다르고, 결과도 다릅니다. 그러니 전혀 다른 관점으로, 전혀 다른 교육 방법론으로, 전혀 다른 기대 수준으로 접근해야 합니다.
혹시 지금 '주니어선수 양성 프로그램'에 참여하고 계신 것은 아닌지요? 아니면 당신을 선수로 육성하겠다는 불타는 의욕을 갖고 계신 선생님과 함께하고 있는 건 아니신지요.

memo

20 . .

20 . .

JULY

20 . .

20 . .

20 . .

• 그대 여기 있는가?

셋업을 하고 공을 바라보고는 있지만, 공을 보고 있지 않습니다. 그린 위의 펄럭이는 깃발을 보고 있지만, 깃발을 보고 있지 않습니다. 홀컵을 뚫어져라 응시하고 있지만 홀컵을 보고 있지 않습니다.
몸의 움직임을 연구하고 있거나 과거의 실패와 과거의 성공을 회상하고 있고 미래의 실패와 미래의 성공을 그리고 있습니다.
이미 오비 말뚝을 넘어가 있거나 벌써 해저드 속에 빠져 있습니다. 지나치게 두려워하고 있거나 과도하게 흥분하고 있습니다.
공을 치려 들어서 있긴 하지만, 공이 놓인 모습을 살피고 공과 클럽이 만나는 소리와 장면을 생생하게 느끼고 짜릿한 손맛으로 날아갈 공의 궤적을 그리고 공이 떨어지고 굴러가는 모습을 짜릿하게 그려야 할 바로 그 사람은 그 자리에 없습니다. 몸은 거기 있되 마음은 생각의 바다를 표류하고 있는 거지요. 스코어 카드는 우리가 지금 그 자리에 살아 있는 사람으로 얼마나 생생하게 실존하고 있는가를 드러내는 성적표입니다.

memo

• 일탈

저도 몇 년 전 그런 경험이 있습니다. 친구와 늦은 시간까지 술을 마시다 의기투합해서 학교 담을 넘어서 언제나 최루탄 냄새가 배어 있던 진달래와 개나리가 슬펐던 추억의 학생회관으로 갔었습니다. 누가 있을까 싶었지만, 여전히 꾀죄죄한 모습으로 소파 비슷한 데서 새우잠을 자는 아들 같은 놈들이 있었습니다. 놈들은 그때 횡재했지요. 사 들고 들어간 소주 2병 함께 마시면서 꼰대들 지루한 이야기 들어준 공로로 우리 지갑을 몽땅 털어주었으니까요. 10만 원은 족히 됐던 거로 기억이 되니 그날 밤만은 우리가 분명 천사였을 겁니다. 일탈일 수도 있고 철없는 짓일 수도 있는 그런 일들이 지루한 일상에 비타민이 됩니다. 연일 터지는 사회적인 사건들로 해서 집단 우울증에 걸릴 것 같은 요즘, 정말 신선한 삶의 활력소가 필요합니다. 당신이 비타민이 좀 되어 주세요.

20 . .

20 . .

20 . .

20 . .

20 . .

JULY

memo

20 . .

20 . .

20 . .

20 . .

20 . .

• 굳으면 죽는다

몸의 유연성에 대한 근거 없는 자신감은 반복적인 일상성에 그 뿌리를 두고 있는 것 같습니다. 매일매일 몸이 일상적으로 쓰고 있는 극히 일부분을 제외하고는 하루가 다르게 굳어져 가고 있다는 사실을 스스로 느낄 기회가 없습니다. 몸의 굳음이 곧 죽음이라면 지금 쓰고 있는 이외의 많은 부분은 서서히 죽어가고 있는 건데 말이죠.

명상을 하게 되면서 자신도 깜짝 놀랐습니다. 불과 1년 전에 할 수 있었던 간단한 스트레칭 동작들이 전혀 기대 수준에 못 미치는 겁니다. 골프 스윙을 틈틈이 하면서 골프 스윙에 필요한 몸의 상태를 관리하고 있으니 나머지도 그러려니 여겼는데 결과는 전혀 예상과 달랐다는 거죠.

'내 몸이 이 정도일 줄은 몰랐다!'

악화가 양화를 구축한다면 당장 쓰는 빈도가 적어서 점차 굳어오고 있는 부분이 아직은 잘 움직이고 있는 부분에 서서히 혹은 반드시 영향을 미칠 것입니다. 온몸을 활성화하는 일 골프가 아니어도 중요한 일입니다. 다 같이 스트레칭합시다.

memo

• 안 되면 반대로

사람들은 단 며칠의 연습으로 얻은 겨우 한 줌도 안 되는 깨달음을 가지고 꽤 오랫동안 써먹고 싶어 합니다.
며칠 연습을 하고 한창 열심히 했을 때의 그분이 다시 안 오신다고 투덜거립니다.
왜 스윙이 안 되고 왜 골프가 어려운지를 분석하는 시간, 스윙이 안 되고 골프가 안 된다고 투덜거리는 시간, 그 시간의 합이 연습의 시간을 훌쩍 넘습니다.
그 많은 시간 그냥 빈 스윙이나 하면 좋겠구먼!

20 . .

20 . .

20 . .

20 . .

20 . .

memo

20 . .

20 . .

JULY

20 . .

20 . .

20 . .

• 웃긴다는 것

웃긴다는 것을 단순히 기술로 이해하고 있는 사람들이 많습니다. 간혹 여러 사람이 모인 자리에서 분위기에 어울리지도 않는 몇 가지 유머를 외우고 와서는 웃기려 애쓰는 사람을 만나면 진짜 피곤합니다.
그 긴장된 순간, 보통 사람이라면 호흡도 곤란한 상황에서 웃긴다는 것! 웃기는 발상을 한다는 것은 정말! 내공이고 자신감이고 오랜 인고의 시간을 감내한 자만이 갖는 '깊이'입니다.
친구가 오비났을 때 웃음으로 위로하기도 쉽지 않은 일이지만 내가 오비났을 때 멋지게 웃음을 날려서 스스로 반전의 기회로 삼고 어쩔 줄 몰라 하는 동반자의 입장도 달랠 수 있는 경지는 더욱 어렵습니다. 잘 맞은 공이 물에 풍덩 들어갔다고 누가 죽는 일도 아니고 돈을 좀 잃는다 해도 라운드 비용보다 더 많은 경우 흔치 않습니다. 그러고 보면 우리는 웃음의 기술을 익힐 것이 아니라 상황을 객관화시키고 사건을 타자화시켜서 바라볼 수 있는 바로 그 힘을 길러야 하는 건지도 모르겠습니다.

memo

• 보기 플레이어란?

보기 플레이어라는 것은 어느 순간을 기점으로 90이라는 스코어를 기록한 사람에게 주어진 이름이 아니라 그만한 스코어가 나올 만한 노력을 하는 사람, 혹은 그보다 높은 경지로 나아가고자 하는 끊이지 않는 지향과 실천적 의지를 품은 자에게 붙여진 이름입니다. 결과에 붙여진 훈장이 아니라 '~에 이르는 과정'을 바로 그 이름으로 부른다는 거죠! 그렇다면 싱글 플레이어라는 것도 이븐파를 지향하면서 열정을 불태우고 있는 사람에게 붙여진 '과정의 이름'일 터입니다. 결국, 지나고 보면 실력이든 자격이든 그 어떤 이름의 성취도 그에 걸맞은 노력 '꾸준함' 외에는 아무것으로도 설명되지 않는 것 같습니다.

그러니
보기 플레이어!
싱글 플레이어!
프로!
명사가 아니라 동사가 맞습니다.

20 . .

20 . .

20 . .

20 . .

20 . .

JULY

memo

20 . .

20 . .

20 . .

20 . .

20 . .

JULY

• 생각의 다양성

다른 생각을 한다는 것은 위험한 일입니다. 시대의 주류와 다른 생각을 한다는 것은 더욱 위험합니다. 철학에 관한 생각이든 종교든 정치든 그것이 문화에 관한 생각이든 늘 그랬습니다. 그런데 세월이 지나고 보면 그 다른 생각들로 해서 세상은 조금씩 전진해 왔습니다. 사회나 조직의 건강성은 얼마나 발칙하고 엉뚱한 생각을 품어낼 수 있는가에 달렸습니다. 사회나 조직이 강하다는 것은 큰 돌, 작은 돌, 둥근 돌, 모난 돌, 그 모든 돌이 서로를 지탱하고 맞물려서 튼튼한 돌담을 이루는 것과 같은 이치입니다. 골프도 더 많은 기발한 생각들이 넘쳤으면 좋겠습니다.

memo

• 시니어 투어에서 만나요!

신문에서 이런 기사를 읽었습니다. "여든이 된 한숙자 할머니가 75세에 그림을 시작하였는데 처음엔 이 늙은이가 무슨 그림을…. 하다가 점점 빠져들어 나중엔 밥 먹는 것도 잊고 그림을 그렸다"라는 기사였습니다. 그래서 자식들이 팔순 잔치 대신에 '그림 전시회'를 했다는군요! 세상에! 이렇게 멋지고 아름다운 풍경이 어디 있을까요?

'이미 늦었다'라는 건, 정말 없나 봅니다.

둥글둥글 지혜로운 노인들의 느긋한 '둔각으로의 세상 읽기'가 세상을 지탱하는 또 하나의 기둥이 되면 좋겠습니다. 세월이 흐르는 속도가 귀로도 들릴 만한 나이가 되었습니다만, '더불어 행복할 꿈 하나' 가슴에 품고 가다 보면 남은 인생, 그리 짧은 것만도 아닐 것이라 기대를 해 봅니다.

여러분, 어서어서 뭔가를 시작하세요. 그리고 또 한 가지. 시니어 투어에서 우리 모두 만나면 어떨까요?

20 . .

20 . .

20 . .

20 . .

20 . .

GOLF DIARY

11

memo

20 . .

20 . .

20 . .

20 . .

20 . .

JULY

• 노래 잘 하는 법

보컬 트레이너라는 영역을 스스로 개척해서 동방신기, 윤미래, 김범수, 박신양, 이병헌, 정우성을 가르친 우리나라 대표 노래 선생님 박선주 씨는 저서 〈How song〉을 통해 노래를 잘하고 싶다면 하루에 단 30분이라도 시간을 할애해서 연습해야 한다고 주장했습니다.

박선주 씨가 노래를 가르치면서 하는 이야기, 어쩌면 골프를 가르치면서 제가 하는 이야기와 이리도 닮았을까요? 노래 잘 부르는 법을 이해하려고만 하지 연습하지 않는 것과 골프는 잘 치고 싶은데 연습은 하지 않으려 하는 사람은 아마 같은 사람일 겁니다. 요즘 노래를 해보면 잘 안 됩니다. 노래 부를 기회가 너무 없었던 거죠. 노래로 싱글이 되거나 프로가 될 마음은 없지만 제 노래를 듣고 감동해 줄 단 한 사람을 위해서라도 보기 플레이 정도의 실력을 유지했으면 합니다. 그러려면 어쩌나? 출퇴근길 오가는 차 안에서라도 목청껏 노래를 불러야겠습니다.

memo

• 꼴통들

20 . .

"국어사전:
〈골통〉 말썽꾸러기를 이르는 말이다. (꼴통이라고 하기도 한다) 꼴통이란 말은, 고집이 세서 남의 말은 씨도 안 먹혀서 골치께나 썩이게 하는 사람이란 뜻으로, 신조유행어로 쓰이는 말이다…."

20 . .

오늘 골프를 하는 우리는…. 꼴통들! '골프를 통해 소중한 깨달음을 얻은 사람들입니다.' 지금 이 순간 골프를 즐기는 모든 이들이 꼴통이 되면 좋겠습니다. 골프를 바라보고 생각하는 바가 독특하고 재미있는 장난꾸러기들, 누가 뭐라 해도 자신이 바라보는, 자신만의 골프를 고집스레 끌고 가는 사람, 그런 사람들이었으면 좋겠습니다.
골프를 통해 맺은 소중한 관계들,
골프를 통해 얻은 소중한 사람들,
골프를 통한 아름다운 깨우침,
골프를 통해 본 세상의 아름다움들,
골프를 통해 느낀 자연의 경이로움,
골프를 통한 스스로에 대한 깊은 성찰들,
골프와 통한 사람들!
그 모든 것들이 꼴통입니다.

20 . .

20 . .

20 . .

JULY

memo

20 . .

20 . .

20 . .

20 . .

20 . .

• 잡초

잡초냐 아니냐는 인위적인 구분은 어쩌면 풀들의 효용과 용도를 모르는 인간의 무지 때문인지도 모릅니다. 아무리 작은 텃밭 농사라도 직접 농사를 지어보면 잡초와의 투쟁은 말 그대로 전쟁입니다. 그 많고 질긴 생명을 잘라내고 뿌리를 캐는 행위를 끝없이 이어가노라면 이렇게 살고 싶어 몸부림을 치는데 그냥 두면 안 되나 하는 생각이 듭니다.

그런데 그냥 두어도 된다는군요. 이른바 잡초농법이 있답니다. 단위면적당 소출은 적을지 모르지만, 잡초 자체를 약용이나 식용으로 활용하는 것으로 발상을 전환하면 그 속에 답이 있답니다. 게다가 토양을 건강하게 유지하는데도 더 효과가 있다는군요.

골프장도 잡초와의 전쟁입니다. 잔디 이외에는 그 어떤 유익한 식물도 다 잡초인 거죠. 잔디와 인간과 수없이 많은 풀이 함께 공존하는 그런 골프는 정말 안 되는 걸까요? 완전히는 아니더라도 부분적인 타협조차 허락될 수 없는 걸까요? 앞으로도 긴 세월 골프를 해야 하는데 실은 늘 마음에 걸리는 일입니다.

memo

• 무슨 일을 하세요?

20 . .

나무 깎아서 밥 먹고 산다고 이야기하는 목수가 있고 멋진 집 짓는 일을 한다고 이야기하는 목수가 있습니다. 막노동으로 하루를 연명한다고 말하는 청소부가 있고 지구를 깨끗이 하고 있다는 청소부가 있습니다. 대출 업무를 담당하고 있다는 은행원이 있을 수 있고 어려운 사람에게 도움이 되는 일을 하고 있다는 은행원이 있을 수 있습니다.

20 . .

뻔합니다! 어떤 사람이 자신의 자리에서 나름의 성취를 할지? 자기 일을 해석하고 의미를 부여하는 것은 단지 말버릇의 문제가 아니라 그 자신이 가지고 있는 인생관과 세계관을 드러내는 일이면서 자신의 꿈을 담아내는 일입니다.

20 . .

저는 골프를 통해 요동치는 우리 마음을 가만히 들여다보게 돕는 사람이 되고 싶습니다. 골프를 매개로 사람들의 마음을 따뜻하게 해주는 일을 하는 사람이 되고 싶습니다. 골프가 '마음공부'가 될 수 있도록 돕는 사람이고자 합니다. 여러분은 어떤 일을 하고 있습니까? 어떤 일을 하고자 하십니까?

20 . .

20 . .

GOLF DIARY

15

memo

20 . .

20 . .

20 . .

20 . .

20 . .

JULY

• 고인 물

고인 물이 썩는 이치야 다들 아는 이야기이지만 스스로 '고인 물'이 아닌지 묻는 것에는 서툴고 게으릅니다. 일이든 취미든 어딘가에 자리를 틀고 앉으면 어느새 '관성'이 생겨서 보던 것만 보게 되고, 읽던 것만 읽게 되고, 가던 곳만 가게 되고, 만나던 사람만 만나게 됩니다. 익숙하고 편한 것들 속에서 관성은 아집과 자만으로 자랍니다. 잡초와 인분이 만나서 부패하지 않고 생명을 살리는 거름으로 숙성되는 것은 보살피고 뒤집어주는 동안 새로운 공기와 세상을 만나게 되는 끝없는 노력의 결과일 겁니다.
두려운 것이 없고 의문이 없는 '그분'이 오신 순간이 바로 골프가 망가지기 시작하는 순간인 것처럼, 내 생각이 틀림이 없고 다른 사람들의 주장이나 의견이 말이 안 된다 싶은 바로 그 순간이 자신을 되돌아볼 '자성의 시간'입니다. 저도 요즘 저 자신의 골프 생각과 골퍼로 사는 삶을 되짚어보고 있습니다.

memo

• 인간의 합리성

사람은 누구나 합리적인 선택을 한다는 전제하에 많은 사회과학과 자연과학의 이론들이 주장되고 있고, 자신도 굉장한 이성으로, 면밀한 분석으로, 명민한 판단으로, 자신의 의지로 산다고 살고 있지요. 하지만 실제의 인간은 전혀 그렇지 않습니다. 아주 사소한 요소로 인해서 판단을 그르치기도 하고 너무도 터무니없는 사건을 계기로 삶의 행로가 달라지기도 하지요.
캐디가 이야기합니다. "회원님, 이 홀에서는 10명 중 3명이 오비를 냅니다. 드라이버 말고 다른 클럽을 드릴까요?", "회원님, 이 홀에서는 10명 중 7명이 페어웨이로 공을 보냅니다. 드라이버 드릴까요?" 과연 우리는 어떤 설명과 제안에도 흔들림 없이 일관된 선택을 할 수 있을까요? 골프는 로봇을 닮은 인간들이 하는 기계적인 운동이 아니라 눈에 속고, 말에 속고, 분위기에 취하고…. 그런 사람들이 하는 겁니다.

20 . .

20 . .

20 . .

20 . .

20 . .

memo

20 . .

20 . .

20 . .

20 . .

20 . .

• 변하지 말아야 할 것

골프 약속을 본인 사망 이외에는 지켜야 하는 약속으로 애지중지하면서 고마운 사람도 잊고 감사도 잊고 겸허한 마음도 굳센 다짐들도 다 잊어버립니다. 아니 어쩌면 중요한(?) 골프 약속이 그런 류의 망각을 부추기기도 하고 핑계가 되기도 합니다.

골프와의 약속 너무도 중하지만 골프보다는 훨씬 더 상위에 있을 법한 가치와 약속들! 우선순위를 정해서 수첩에도 적어 놓고 메모지에도 적어서 눈에 잘 띄는 곳에 붙여 놓으면 좋겠습니다.

망각이란 기억력의 문제가 아니라 가치의 혼동이거나 당면한 재미와 유혹에 의한 '순간적인 외면'인 경우가 더 많으니까요.

memo

• 구두

20 . .

연구 성과에 따르면 이윤의 추구보다는 가치의 추구, 목적보다는 사명에 대한 열정이 기업경영에서 더 큰 성과를 낸다고 합니다.
'식당을 해서 돈을 벌겠다'보다는 '맛있는 음식을 사람들과 나누겠다', '건물을 지어서 돈을 벌겠다'보다는 '아름다운 건축물을 짓겠다'는 것이 경제적으로도 더 좋은 결과를 가지고 온다는 거지요. '모로 가도 서울만 가면 그만이지!', '괜한 말장난 아냐?' 싶지만 자세히 들여다보면 근원적인 관점의 차이를 내포하고 있습니다. 두고 있는 시선이나 시점이 다르고 과정과 결과에 대한 설계가 달라지고 하루하루 일하는 재미와 보람이 다릅니다.
골프도 그렇습니다. 골프를 잘하겠다는 것 속에 어떤 '가치와 사명'을 담을 수 있다면 더욱 멋진 성과를 낼 수 있음이 분명한데. 우리는 과연 골프라는 그릇에 무엇을 담고 있는가요? 무엇을 담을 수 있을 것인가요?

20 . .

20 . .

20 . .

20 . .

memo

20 . .

20 . .

20 . .

20 . .

20 . .

• 여러모로 보기

보는 잔디와 만지는 잔디는 다릅니다. 공을 떠받치고 있는 잔디는 두렵고 단단해 보이고 내 몸의 무게를 감당하고 있는 잔디의 느낌은 부드럽고 폭신합니다.

계절에 따라 아침과 저녁 시간의 흐름에 따라 골프장이 달리 보이는 것이나 굿 샷 후의 골프장과 미스 샷을 낸 후의 달라 보이는 것은 말할 것도 없지만, 자주 가던 골프장일지라도 뒤돌아서서 풍광을 보면 전혀 다르게 느껴집니다. 골프를 치면 공의 인도하심을 따라 늘 앞만 보고 가기도 바쁘기 때문이겠죠.

디자인을 잘하려면 다양한 각도에서 사물을 인식해야 하는 것처럼 골프도 잘하려면 골프를 충분히 느껴야 합니다. 잔디는 물론 이거니와 공도 클럽도 골프장도 느껴야 합니다.

정지 상태에서의 공과 날아가는 공을 느껴야 하고 슬라이스와 훅, 높은 공과 낮은 공을 느껴야 합니다. 백 속에 들어 있는 골프채와 들고 있는 골프채가 다르고 휘두를 때의 골프채가 다릅니다. 사실, 연습과 실전의 일정한 양은 그런 느낌을 내면화하고 자

memo

기화하는 과정입니다.
만져도 보고, 품어도 보고, 깨물어도 보고, 던져도 보고, 찍어도 보고, 뒤집어도 보고, 때려도 보고, 휘둘러도 보고, 다양한 느낌을 경험하는 것! 어떤 일이든 빨리 잘하게 되는 첩경입니다. 골프도 다르지 않습니다.

20 . .

20 . .

20 . .

20 . .

20 . .

JULY

memo

20 . .

20 . .

20 . .

20 . .

20 . .

• 골프와 티격태격

삶의 불완전성을 받아들이기가 참 쉽지 않습니다. 타인의 실수를 용납하기도 어렵지만 안 보면 그만이라는 최후의 카드가 있기에 용서할 수도 있고 너그러워질 수도 있습니다.

그렇지만 자신의 분신과도 같은 사람들 자식, 아내나 남편, 형제들의 실수를 용납하기는 더욱 어렵습니다. 가까우면 가까울수록 더 힘이 드는 것은 그들이 바로 나 자신이기 때문이 아닐까요? 나의 실수나 불완전함을 인정할 수도 없고 인정하기도 싫은 거겠죠.

"너는 어차피 불완전해."

"너는 언제나 실수투성이야."

"제발 좀 인정하고 수용하라니까!"

"아니야, 나는 더 잘할 수 있어."

"실수하지 않을 수도 있었어."

"나는 완벽해."

"나는 나의 실수를 용납할 수가 없어!"

'골프'는 끊임없이 불완전하고 불합리한 삶의 모습을 알려 주고 싶어 하는데 그걸 인정할 수 없는 '나'는 오늘도 골프와 티격태격하며 살고 있습니다.

memo

• 이별의 예의

우린 누군가 혹은 무엇인가와 끊임없이 만나고 이별을 합니다. 사람과 만남이든 사건과 상황과 만남이든 마음의 작동원리는 그다지 다르지 않습니다. 그 아름다웠던 만남을 더 가치 있는 것으로 만들고 만남의 기쁨이나 만남으로 인한 성장을 훼손시키지 않으려면 이별에 대한 예의가 필요합니다. 설혹 누구도 원치 않았던 이별이 바람처럼 오더라도 아픔과 고통을 이유로 그 모든 것들을 팽개치는 것이 아니라 함께 추구했던 가치들 함께 그렸던 미래의 그림들을 소중하게 지켜가는 것이 이별에 대한 예의일 텐데….

내쳐서 이별하고 쫓아가서 만나고 설렘으로 다가서고 회한으로 물러서는 꼴을 보노라면, 골프도 만남과 이별의 연속입니다. 공과 이별하고 필드와 이별하고 라운드와 이별하고 다시 만나 부끄럽지 않도록 그 모든 관계와 일들과의 이별에 예의를 갖추어야겠습니다.

20 . .

20 . .

20 . .

20 . .

20 . .

JULY

memo

20 . .

20 . .

20 . .

20 . .

20 . .

• 서투름

노력도 없는 '서투름'이야 뭐라 할 말이 없는 거지만, 애를 쓰고 기도 쓰고 발버둥을 치는데도 잘 안 되는 사람…. 서툰 사람을 보면 너무 안쓰럽고 사랑스럽고 돕고 싶어집니다. 하지만 쉬 다가서지 못합니다. 그냥 둡니다. 본인은 몰라도 저는 알거든요. 결국은 잘하게 되리란 것을…. '진보'란 '재주'로 되는 것이 아니라 '꾸준함'으로 얻어진다는 걸, 살면서 겪으면서 저도 배웠거든요.
그러니, 안타깝지만 그냥 봅니다.
그 일을 잘하고 못하고보다 실은 그 풋풋한 순간이 더 소중하고, 그 수고로운 과정이 더 오래도록 기억될 가치고 그렇게 익혀야만 진정으로 자신의 것이 되면서 앞으로 닥칠 더 큰 산을 넘어갈 힘이 된다는 것을 알기에. 잘 가르치는 것도 선생이지만 가르치고 싶은 것을 참는 것도 선생입니다. 참 어렵습니다.

memo

• 기세와 절도

공을 어디론가 보내겠다든지 홀컵에 붙이거나 넣겠다는 순간의 기세와 절도에 관한 이야기입니다.
'들어가도 그만 안 들어가도 그만, 되면 좋고 아니면 말고, 잘될 리가 있겠어, 왠지 안 될 것 같아.'
이런 마음으로는 절대 멋진 골프를 할 수 없습니다. 강한 포스, 절제된 행동!
어떤 날은 어떤 샷을 해도 뭔가 될 것 같은 날이 있지요. 또 어떤 날은 맥이 탁 풀려서 모든 샷이 집중이 안 되고 시들한 날이 있습니다. 의욕과 기운이 넘칠 때 '넘침을 다스리는 것'도 중요하지만, 축축 처질 때 자신을 다독여 기세를 만들어 내는 것 또한 골프에 있어 너무도 중요한 기술입니다.

20 . .

20 . .

20 . .

20 . .

20 . .

memo

20 . .

20 . .

20 . .

20 . .

20 . .

• 친구 2

'음식' 같은 친구, 매일 필요한 친구겠지요. 안 보면 보고 싶고 못 보면 불안하고 곁에 있는 것만으로도 든든한.
'약' 같은 친구가 있습니다. 그리 자주 보지는 않지만 만나고 나면 고민도 해결되고 신선한 충격도 주고 한마디 한마디가 힘이 되는. 그런 친구는 헤어지고 나서도 오래도록 여운이 남죠.
'병' 같은 친구도 있습니다. 함께 시간을 보내고 나면 피곤하고 우울한 삶이 더 우울해지고 지친 발걸음이 더 무거워져서 웬만하면 피하고 싶어지는.
골프를 마치고 나면 뜨듯한 물속에 들어가 한 번쯤 생각해보세요. 오늘의 친구들은 어떠했는지? 음식? 약? 병? 그리고 꼭 생각해봐야겠죠! 나는 그 친구들에게 어떤 존재였는지? 어떤 존재가 되고 싶은지?
누군가에게 약이 되는 친구가 되고 싶겠지만 지나친 욕심일 테고, 자주 식탁에 오르지는 않지만, 가끔 식탁에 올라 잃었던 입맛을 돋우어주는, 오래도록 묵혀 맛을 더해가면서 꾸준히 먹으면 약이 되기도 하는, 그런 친구일 수 있으면 좋겠습니다.

memo

• 깨달은 자

드라이버 잘 맞고 아이언 딱딱 떨어지고 퍼팅이 길지도 짧지도 않은 그런 날, 그런 날 기쁘지 않은 사람 어디 있겠어요? 그런 날 자기 스코어를 지켜내지 못하는 사람 어디 있겠어요? 드라이버가 페어웨이를 피하고, 세컨드 샷은 그린을 멀리하고, 방향이 맞으면 거리가 맞질 않고 거리가 맞으면 방향이 엉뚱한 퍼팅을 하면서도 웃는 사람, 지독한 불운 속에서도 자기만 웃는 것이 아니라 동반자도 웃겨주는 그런 사람이 간혹 있지요. 바보같이 웃기기만 한다면 그 골프, 허접하다 하겠지만 나름 자신의 스코어도 지켜내는 사람이 있습니다. 100타를 치든 90타를 치든 그런 사람! 쉽게 보면 안 됩니다. '어딘가에 이르러 있는 사람', '깨달은 사람'일지도 모릅니다. 주의 깊게 잘 살펴보세요. 바로 그런 사람이 아주 가까운 곳에 있을지도 모르니까요.

20 . .

20 . .

20 . .

20 . .

20 . .

JULY

memo

20 . .

20 . .

20 . .

20 . .

20 . .

• **타시오관** 打時伍觀

옛 어른들께서는 밥상머리에서 식시오관 食時五觀을 말씀하셨답니다.

1. 이 음식이 어디서 왔는가?
2. 스스로 이 음식을 먹을 자격이 있는가?
3. 입의 즐거움과 배의 만족에만 치우치지 마라.
4. 한 수저의 밥과 나물도 좋은 약으로 생각하며 감사하라.
5. 네 이웃을 생각하라.

이런 이야기로 먹을거리를 귀하게 여기도록 하고 세상살이의 이치를 깨닫도록 이끄셨을 텐데…. 이보다 더한 기도와 명상이 어디 있을까 싶습니다. 하는 사람보다 하고 싶어도 할 수 없는 사람들이 많은 골프라는 운동을 하면서 우리도 타시오관打時五觀을 해야 하는 것 아닐까요?

1. 이 골프, 어디서 왔는가? 오늘 이 한 번의 골프가 있기까지 얼마나 많은 노고가 있었고 얼마나 많은 인연이 맺어져서 가능한 것이었는지를 늘 되돌아보며 감사해야 합니다.

memo

2. 이 골프를 할 자격이 있는가? 오늘의 이 골프가 있기까지 스스로 얼마나 준비를 해 왔는지, 기대와 노력은 비례하는지, 오늘의 골프가 생활 속에서 무리한 것은 아닌지? 늘 물어야 합니다.

3. 스윙의 완성이나 스코어에 얽매이지 마라! 자연과의 교감, 친구나 동반자들과 나눔이 원래의 목적이었을 것인데 초심을 잃고 감각과 수치적인 결과에 시달리고 있는 것은 아닌지 늘 물어야 합니다.

4. 모든 결과를 수용하라! 라운드하면서 벌어지는 모든 상황을 다 삶에 약이 되는 교훈입니다. 오비가 나든 해저드에 들어가든 그 모든 결과는 자신을 돌아보는 계기로 삼으면 될 일입니다.

5. 주변을 돌아보라! 내 골프가 다른 누군가에게 피해가 되거나, 상처가 되는 것은 아닌지를 늘 생각해야 합니다. 무심코 반복되고 있는 일들에 의미를 부여하면 전혀 새로운 일이 될 수도 있습니다.

20 . .

20 . .

20 . .

20 . .

20 . .

memo

20 . .

20 . .

20 . .

20 . .

20 . .

• 별

저는 별을 그다지 좋아하지 않았습니다. 가뭇가뭇 아득함이 싫었고 지독한 외로움과 삶으로부터 너무도 먼 비현실성이 싫었죠.
그런데 캐나다의 '알곤 퀸'이라는 국립유원지에서 아이들과 야영하면서 바라본 밤하늘의 별은 우리가 알고 있는 그 별이 아니었습니다. 정말 은하수가 흐르는 강으로 보이고 별 하나하나의 알갱이가 주먹만 한 보석으로 빛났습니다.
도시의 조명과 스모그에 가려진 별이 추상화된 삶을 상징하는 징표라면 그 모든 것이 걷힌 그곳의 별은 그저 삶의 한 부분이면서 생생한 현실이고, 꿈을 꾸고 희망의 이야기를 담아내는 그릇이었습니다.
별을 잃어버린 삶을 우리는 살고 있습니다. 별을 우러르고 별과 이야기를 나누던 습관을 잃은 거죠.
서울 근교 골프장에서 야간 영업이 성행하면서 웬만하면 라이트 시설이 있습니다. 대낮처럼 밝은 조명 아래서 멋진 샷을 날릴 때의 기분, 낮의 그것과는 사뭇 다릅니다. 도시의 지친 삶을 달래는 나름의 몸짓 이해도 되고 나쁘진 않습니다.

memo

20 . .

20 . .

20 . .

20 . .

20 . .

그렇지만 칠흑 같은 밤 '별빛 라운드'는 어떨는지요. 공만 좀 발광하는 것으로 개발한다면, 사랑하는 사람과 공을 치고 걷고 하늘을 보면서 이야기를 나누고…. 동화 같은 이야기이기는 하지만 골프장만큼 밤길이 안전한 곳도 없으니.
아무튼, 잃어버린 별을 찾는 일은 저에게도 여러분들에게도 큰 숙제입니다.

GOLF DIARY

31

memo

20 . .

20 . .

20 . .

20 . .

20 . .

JULY

• 스탠스

골프에서 셋업의 한 부분으로 이야기하는 스탠스라는 말, 일상적으로도 자주 씁니다.
"저 친구! 스탠스가 참 좋아!"
앉을 자리 설 '자리'를 잘 아는 사람, 들어가거나 나아가야 할 '때'를 잘 아는 사람, 윗사람과 아랫사람을 모시고 보살피는 처신이 바른 사람, 자기가 서 있는 자리에서 안정되어 보이는 사람을 일컫습니다.
지나치게 넓으면 욕심스러워 보이고 지나치게 좁으면 답답해 보입니다. 미래를 향해 지나치게 앞으로 쏠려 있으면 불안하고 과거를 곱씹듯 뒤로 치중해 있으면 안정감은 있지만 둔해 보입니다.
좌도 그렇고 우도 그렇고 어느 한쪽으로 쏠림도 좋은 스탠스라 하기 힘듭니다.
스탠스가 좋은 사람이 좋은 샷을 날릴 수 있다는 건 삶이나 골프나 다 마찬가집니다.
그 이야기는 일상에서 취하는 스탠스의 모습이 골프에서도 고스란히 드러난다는 의미이기도 한 거죠.
스탠스가 좋은 사람은 샷을 하기 전, 이미 좋은 느낌으로 다가오던데 지금 당신은 일상 속에서의 스탠스! 적당하십니까?

Golf Diary

August

8월

GOLF DIARY

01

memo

20 . .

20 . .

20 . .

20 . .

20 . .

AUGUST

• 불편

골프는 불편을 선택한 겁니다. 선크림을 한 꺼풀 코팅하고서 시원한 냉방의 공간을 뒤로하고 나서는 이즈음의 골퍼들을 보면 처연하기까지 합니다. 그들은 기꺼이 돈을 내고 불편을 감수하는 고행자에 가깝습니다. 지나친 편리함으로부터의 대탈출입니다. 잃어버린 바람과 멀어진 자연을 찾아 떠나온 겁니다. 좋은 일입니다. 도시부터의 떠남은 어떤 형식, 어떤 이유라 하더라도 좋은 겁니다.

카트를 타더라도 걷기의 불편을 기꺼이 즐길 수 있어야 합니다. 거리를 거리 표시 내비게이터로 파악할 수도 있지만 그린 쪽으로 조금 걸어가 보고 목측을 하는 것도 마다하지 않아야 합니다.

캐디의 의견을 물어 방향을 설정할 수 있지만, 자신이 둘러보면서 방향을 설정하는 수고를 아끼지 말아야 합니다. 일부러 불편하러 가서 조금 더 불편해지는 것을 싫어한다면 좀 이상하지 않나요?

휴대폰이나 인터넷이 너무나 편리한 것이지만 그것으로 인해 잃어가고 있는 소중한 가치도 큽니다.

memo

20 . .

사랑하는 이에게 쪽지 편지를 숨겨 놓고 그에게 성공적으로 발견되길 바라며, 혹시 다른 사람 손에 들어가는 것은 아닌지를 염려하면서, 먼발치에서 가슴 졸이며 바라보는 심정을 요즘의 인터넷 세대들이 이해할 수 있을까요?
편지를 보내고 애타게 답장을 기다리는 지루하고 초조하지만, 그 아름다운 시간의 가치는요. 편리하되 편리함에 매몰되지 않으려면 기꺼이 불편을 감수하는 영역들을 꼭 붙들고 가야 합니다.

20 . .

20 . .

20 . .

20 . .

memo

20 . .

20 . .

20 . .

20 . .

20 . .

AUGUST

• 기회

스승이 제자에게 물었습니다.
"언제 너의 꿈을 이룰 것이냐?"
"언젠가 기회가 오면 그때 꿈을 실현할 것입니다."
"기회가 오지 않으면 어쩌냐?"
"기회는 누구에게나 평등하게 오는 것 아닙니까?"
제자는 기어들어 가는 소리로 항변했습니다.
장난기 어린 목소리로 스승이 말합니다.
"어쩌면 기회는 절대로 오지 않을 것이다. 어쩌냐?"
"?!"
제자가 영 갈피를 못 잡자 스승은 단호한 어조로 이야기합니다.
"기회는 바로 여기 있기 때문이다."
골프에 있어서 '기회의 신'이 있다면 그 신도 바로 지금 이 자리에 있습니다. 단지, 그 신은 준비된 자에게만 그 모습을 드러내겠지요. 기회는 오는 것이 아니라 지금 당장 이 자리에서 캐내는 자의 것이랍니다.

memo

• 그저 매일

몸에 완전히 익히고 몸이 자동으로 반응할 만큼 익힌 후에야 비로소 그 위에 양념도 치고 고명도 올리는, 하루를 쉬면 몸이 알고 이틀을 쉬면 스코어가 알고 사흘을 쉬면 갤러리가 안다고….
몸으로 해야 할 일을 입으로 하고 생각으로 하고 마음으로만 하면 어렵고도 어렵습니다. 골프는 땀으로, 검게 그을린 피부로 손가락의 물집으로, 발바닥의 군살로 이야기할 뿐입니다. 몸이 하는 일은 참 정직한 것이어서 그 맛도 거짓 없이 기가 막힙니다.

20 . .

20 . .

20 . .

20 . .

20 . .

memo

20 . .

20 . .

20 . .

20 . .

20 . .

• 나는 싱글이다

행복이란 도달해야 하는 어떤 장소나 지점이 아니라 스스로 가꿔가는 삶의 모습, 그 자체가 아니던가요?

보기든 싱글이든 뭔가가 되고 싶다면 주변에 꾸준한 스코어를 내는 단아한 보기 플레이어나 아름다운 싱글 플레이어를 찾아서 그 삶의 모습을 따라 자신을 자임하면 됩니다.

'나는 OO 플레이어다!' 그리고 그에 걸맞은 생활을 하면 됩니다. 결과로서의 스코어는 그런 생활의 결과 따라오는 아주 조그마한 선물에 불과한 겁니다.

많은 희생과 각고의 노력으로 단기간에 '어떤 지점'에 이르렀다고 하더라도 골프의 스코어라는 것은 그 생활이 계속되지 않으면 어느새 원점으로 돌아오고 마는 신기루 같은 겁니다. 변덕스러운 스윙이나 야생마 같은 샷, 마치 그것만 붙들면 모든 것이 해결될 것 같지만 그건 단지 눈앞에 보이는 현상이고 허상일 뿐 생활을 잡지 않으면 결코 잡을 수 없는 그림자 같은 겁니다. 생활 속에 뿌리를 내리지 않으면 잡았더라도 그건 자신의 것이 아니란 거죠.

memo

싱글! 그곳에 도달해 봐야 거긴 아무것도 없습니다. '보기'도 마찬가지고요. 그것이 그토록 멋있어 보인다면 지금 당장 그 멋진 생활을 구현하고 즐기세요. 당장 그럴 수 없는 형편이라면 더욱 현실적인 꿈을 꿔야 합니다. 꿈과 현실의 지나친 간극! 그것을 우린 '불행'이라 부르니까요.

20 . .

20 . .

20 . .

20 . .

20 . .

memo

20 . .

20 . .

20 . .

20 . .

20 . .

• 배움

그것이 무엇이든….
꽃이든 사람이든 부처든 하느님이든 천지신명이든 사랑이 주는 깨우침이 너무도 큰 것이어서 사랑이 중하다 하고, 사랑을 해봐야 한다 하고, 사랑으로 성숙한다 합니다.
사랑이 기쁨만이라면 어찌 예의와 자비와 만족과 인내를 배울 수 있겠습니까. 애끓는 그리움과 나만이 갖고픈 소유욕과 이별의 깊은 통증들이 있어, 비로소 배움이 성립합니다.
만약 골프를 사랑하신다면 그가 주는 기쁨도 만끽해야 할 일이지만 그가 주는 고통도 기꺼워해야 깨우침이 있습니다. 사랑도 골프도 '기쁨을 추구'하기보다 '배움을 추구'하는 쪽이 과정도 결과도 풍요롭습니다.
제 경험으로는 그랬습니다.

memo

• 그래요

말로 오해가 생기고 말로 상처가 나고 말로 인해 하루에도 몇 번씩 천국과 지옥을 오갑니다. 뭔가 본의 아닌 오해가 생겼을 때 대부분 우리는 그걸 당장 그 자리에서 속 시원히 풀지 못해 안달입니다. 생각해 보면 자신감의 부족입니다. 진실이나 사실은 어디 가는 것이 아니고 그 자체로 큰 에너지를 가지고 있습니다. 세월이 지나면 자신을 증명해 내는 힘이 있는 건데 말이죠. 굳이 내 입으로 설명하지 않아도 주머니 속의 칼을 오래 감출 수 없듯이 거짓은 자기 모습을 드러내게 되는 것이죠.
굳이 말이 필요 없는 골프도 말로 인한 상처나 오해도 많고 거짓과 속임도 많습니다. 지나친 향상심으로 무작정 달리다 보면 그런 유혹도 마주치게 됩니다. 어차피 드러날 거짓 골프, 거짓 스코어 지어내지도 마시고 누군가의 허물도 말로 말을 만들지 마세요. 그냥 골프가 모든 것을 말하게 하세요.

20 . .

20 . .

20 . .

20 . .

20 . .

AUGUST

memo

20 . .

20 . .

20 . .

20 . .

20 . .

• 자기암시

오래도록 골프를 함께해 온 친구가 있습니다. 다른 친구들은 그 친구와의 라운드를 꺼립니다. 좀 시끄럽거든요.
하지만 저는 그 친구와의 라운드가 재미도 있고 배우는 바가 커서 일부러 청하지는 않지만, 기회가 되면 마다하지도 않습니다.
이 친구는 버릇이 하나 있습니다. 자기가 샷을 하기 전에 '예언'을 하는 거죠. 그리고 친구들을 얼러서 내기하는 겁니다.
드라이버를 치기 전에 '내가 저 나무를 넘기나 못 넘기나에 만 원 걸래?', 퍼팅하면서 '야! 이번에는 버디야 버디', '경사가 있으니까 요렇게 굴러서, 요렇게 들어갈 것 같지 않아?', '오천 원 빵 어때?' 뭐 이런 식입니다. 대부분 시답잖아 하지만 그의 허방한 낚시질에 한 사람이라도 걸리면 진짜 잘 합니다. 설마 하고 응해준 퍼팅 내기를 말도 안 되는 거리에서 훌러덩 넣어버리니 친구들이 짜증이 안 나겠어요?
처음에는 우연이라 생각했죠. 그런데 동반 라운드가 거듭될수록 그는 그런 식의 자기 암시를 통해 구체적인 목표와 그에 이르는 경로를 만들고, 내기라는 적당한 긴장감으

memo

로 성공 확률을 비약적으로 끌어올리고 있다는 확신을 하게 되었습니다.

저도 따라 해 봤습니다. '이번 드라이버는 해저드를 넘어서 페어웨이 한가운데 떨어질 거야!' 처음에는 속으로도, 혼잣말로도 잘 안되더라고요. 그런데 억지로 이야기하고 나서 가만히 제 속을 들여다보니까 '에이, 그렇게 칠 수 있겠어?', '해저드에 빠지지만 말았으면 좋겠네!', '그러다 오비라도 나면 어쩌지?' 강한 '부정의 포스'를 가지고 있는 겁니다. 샷을 하기도 전에 부정적인 암시를 하고 있으니 그 샷이 어찌 잘 되겠습니까? 연습장에서 아무리 연습하면 뭐 합니까? 필드에 나가서는 그리 안 될 것이라고 스스로 고사를 지내고 있을 텐데요.

동반자에게 방해가 되지 않는 범위 내에서 스스로 자기암시를 하고 그걸 '진심으로 믿어주는 연습'을 한번 해 보세요. 돈도 시간도 안 들면서 스코어를 줄이는 획기적인 방법입니다. 그 친구에게서 훔친 연습 방법을 통해 제 골프가 한 차례 비약이 있었다는 것을 솔직히 고백합니다. '친구야 고맙다, 그렇지만 살살 좀 해라!'

20 . .

20 . .

20 . .

20 . .

20 . .

AUGUST

GOLF DIARY

11

memo

20 . .

20 . .

20 . .

AUGUST

20 . .

20 . .

• 간디의 골프

작가 밥 미첼의 소설 〈천국에서의 골프〉 속 주인공 엘리엇은 하느님과 자신의 목숨을 걸고 내기 골프를 하게 되는데 한 홀 한 홀 하느님의 대타로 세상에 뚜렷한 업적을 남긴 위대한 인물들이 등장하고 그중 한 분이 간디 선생입니다.

"동반자도 캐디도 비도 바람도 햇살도 나무도 풀도 절대 미워하지 마라. 골프에 만약 적이 있다면 그건 바로 너 자신일 뿐이다. 그리고 기꺼이 고통을 감내할 준비를 해야 한다. 고통이 없는 골프를 원한다면 그건 게임을 잘못 선택한 것이다."

간디 선생이 만약 골프를 했다면 정말 이렇게 이야기했을 것 같지 않나요? 밥 미첼의 해박함과 아름다운 상상력에 박수를 보냅니다.

memo

• 결과에 초연할 때

20 . .

누군가를 꼭 이겨야겠다고 생각한 날, 골프가 잘 안되었습니다. 누군가에게 멋진 골프를 보여줘야겠다고 생각한 날, 골프가 참 어려웠고요. 돈을 따야겠다고 벼르던 날도, 오랜만의 라운드라 들떴던 날도, 골프가 너무 괴로웠습니다. 연습장에서 기막힌 깨달음이 있었던 다음에도, 너무 잘했던 라운드 바로 그다음 라운드에도, 골프는 언제나 배신했습니다.

20 . .

스코어가 좋았던 날은 컨디션도, 바람도, 욕심도, 기대도, 그저 그랬던 날. 골프가 약간은 심드렁하면서 골프를 약간 비켜선 관심과 욕구로 유난히 집중이 잘 되었던 날 그런 날이었습니다. 최선을 다하되 결과에 약간 초연해질 때, 조건과 환경이 더 객관적으로 인식되고 몰입이 깊어지면서 더 나은 결심을 얻을 수 있는 것은 업적이나 인간관계나 다 마찬가지가 아니던가요?

20 . .

20 . .

20 . .

AUGUST

memo

20 . .

20 . .

20 . .

20 . .

20 . .

• 어떤 슬픔

현실의 골프, 기쁜 골프는 별로 없습니다. 극히 예외적입니다. 오히려 슬픈 골프가 더 보편적이지요. 오비가 나서 슬프고 해저드에 들어가서 슬프고 벙커와 쓰리 펏이 우리를 슬프게 합니다. 라운드가 끝이 나고 서로의 표정을 보면서 골프의 슬픈 현실을 확인합니다. 그렇지만 옷을 훌훌 벗어 버리고 뜨뜻한 탕에 몸을 담그면서 조금씩 달라지는 분위기는 함께 밥상을 마주하고 술잔을 부딪치면서부터는 완전히 반전됩니다.
오비가 해저드를 위로하고 산속에 들어간 공이 러프로 깊숙이 들어간 공을 다독입니다. 실패와 실수는 이야기가 되면서 희화화되고 각자의 슬픔이 커다란 양푼 속에서 비벼지면서 슬픔은 헛헛한 웃음으로 변해버립니다. 결국, 또다시 골프를 할 힘을 얻게 되지요!
삶의 큰 슬픔을 어디 골프의 슬픔에 비유할 수 있겠습니까마는 슬픔을 이겨가는 구조는 마냥 비슷하다는 생각입니다. 골프가 아니어도 지금 큰 슬픔 안고 계신다면 더 큰 슬픔을 찾아 서로를 부벼 보세요.

memo

• 크고 작음

20 . .

원래, 잘하고 못 하는 것은 없는 거지요. 100타를 치는 사람에게 90타는 하늘 같은 경지이지만, 싱글 골퍼에게 90타는 정말 이것저것이 다 안 되는 날의 스코어일 뿐입니다.

20 . .

자신을 크다고 생각하면 그보다 작은 사람의 속으로 들어가기 어렵습니다. 자신을 높다고 생각하면 낮은 자리의 사람을 만나기 어렵습니다. 조금 스코어가 난다고 우쭐거리고 골프 좀 못 친다고 무시하고 걸핏하면 가르치려 들고 잘하는 사람들하고만 어울리려 하고 그런 골프는 '작은 골프'입니다. 잘 치든 못 치든 누구와도 잘 어울리고 하수에게서도 고개 숙여 배우려는 자세를 잃지 않고 실수하면 감싸주면서 격려를 아끼지 않는, 조그만 성취를 진정으로 기뻐해 주며 칭찬을 아끼지 않는 골프, 그런 골프는 '큰 골프'입니다.

20 . .

20 . .

한없이 작아지고 낮아져서 비로소 커지는 이치! 골프라고 다르겠습니까? 언제나 자신의 골프를 작고 보잘것없다고 여기면, 골프가 더 많은 사람의 마음속으로 들어가는 길을 열어줄 겁니다.

20 . .

AUGUST

GOLF DIARY
15

memo

20 . .

20 . .

20 . .

20 . .

20 . .

AUGUST

• 맛의 회귀

그러고 보니 맛의 기행은 연어들의 그것과 같습니다. 자신이 무엇을 그리워하는지 어디로 향하고 있는지조차 모르고 세상을 떠돌고 세월을 헤매고 다니지요. 양식으로 일식으로 보양식으로 웰빙으로 천지를 돌고 돌아, 결국 어머님이 담가주셨던 어리굴젓으로, 아버님 상에만 오르던 창난젓으로, 육개장이나 비빔밥에 섞어 먹기 거북했던 고사리로, 시래깃국이나 콩나물국으로, 속풀이 재첩국으로, 썩은 냄새라 코를 싸잡던 청국장으로 어느새 돌아와 있습니다.
맛의 회귀가 어찌 음식만의 것이겠습니까? 소박하고 소탈한 삶의 가치에의 회귀도 결국 어머니의 품으로 돌아가는 과정이 아닌가 싶습니다. 그러고 보니 골퍼들이 그토록 찾아 헤매는 드라이버가 잘 맞았을 때의 물컹하는 손맛! 조그만 손으로 어머니의 가슴을 조몰락거릴 때의 바로 그 느낌입니다. 오래도록 어머니의 가슴을 독차지했던 막내라 저는 그 느낌을 잘 압니다.

memo

• 중도 中道

너무 힘을 써도 안 되고 너무 부드러워도 안 되고
너무 빨라도 안 되고 너무 늦어도 안 되고
너무 긴장해도 안 되고 너무 풀어져도 안 되고
너무 꽉 쥐어도 안 되고 너무 느슨해도 안 되고
연습이 지나쳐도 안 되고 게을러져도 안 되고
라운드 없는 연습도 안 되고 연습 없는 라운드도 안 되고
너무 느슨해도 너무 팽팽해도 제소리를 낼 수 없는 악기처럼
아름다운 샷은
'적당함'
'중도中道의 미'입니다.
그렇지만 '중도中道'란? 골프만으로 일어질 수 없는 것!
아름다운 생각이 샷을 만들고 아름다운 생활이 골프를 만들 겁니다.

20 . .

20 . .

20 . .

20 . .

20 . .

AUGUST

GOLF DIARY

17

memo

20 . .

20 . .

20 . .

20 . .

20 . .

AUGUST

• 나이 들어 더 잘할 수 있는 일

제 나이가 이미 50을 훌쩍 넘겼는데 작년보다 올해가 스윙이나 골프가 더 발전하고 있음을 확연히 느낍니다.

남을 흉내 내는 것이 아니라 나만의 방식, 나만의 연습, 나만의 골프가 홍겹습니다. 더 많이 연습하고 더 많이 라운드하면 PGA라도 갈 것 같은 그런?

나이가 들어서 거리가 줄고 스코어가 망가진다는 것, 적어도 60세 이전에는 해서는 안 되는 이야기가 아닐까 하는 것이 요즘의 제 생각입니다.

최근 뇌 과학의 연구 성과는 나이가 들어도 기억력을 제외하고 뇌는 절대 녹슬지 않는다고 주장합니다. '나이 듦'이라는 것은 향상심을 지레 포기하는 것이 아닐까요! 나이 오십을 넘어 이팔청춘 같은 터무니없는 바람이야 추하게 보일 수도 있지만, 어제보다는 성장하겠다는 소박한 뜻은 언제라도 아름답습니다. 나이 들어 더 잘할 수 있는 일 많지만, 골프도 그중 하나라는 거! 잊지 마세요.

memo

• 대략 난감

6번 아이언을 치자니 너무 길 것 같고, 7번 아이언을 잡자니 짧을 것 같고. 드라이버를 잡자니 오비가 위험스럽고, 3번 우드를 잡자니 세컨드 샷이 걱정되고. 치핑하자니 뒤땅이 염려스럽고, 퍼팅하자니 거리감에 자신이 없고. 대략 난감!

사실 한 사람이 가지고 있는 내공이란 그런 경계에 이르러 드러납니다. 형을 위하자니 어머니가 걱정되고 어머니를 돕자니 형이 아파지는 상황. 그 무엇도 고를 수 없고 버릴 수 없는 상황에서 그 사람의 넓이와 깊이가 드러납니다. 답은 분명합니다.

"맑고 투명해야 보인다."

"욕심을 버리고 내가 없는 경지에서 봐야 한다."

그렇지만 참 아리고 어렵습니다.

어려서는 잘 몰랐는데 나이가 들면서 그런 경계 지점에 유난히도 자주 서게 되는 건, 힘으로만 밀어붙일 때와는 달리 그래서는 안 되는 일, 그리 가면 안 되는 길, 그리되면 안 되는 관계들이 더 빤히 보이기 때문이겠죠?

20 . .

20 . .

20 . .

20 . .

20 . .

AUGUST

memo

20 . .

20 . .

20 . .

20 . .

20 . .

• 알고도 속아주는

사실 골프를 어느 정도 치다 보면 '골프의 거짓'이 참 잘 보입니다.
골프에 필요한 동작이라는 것이 어느 정도는 패턴화되어 있어서 멀리서 봐도 그 사람의 동작이 샷을 위한 동작인지 볼을 움직이기 위한 동작인지 쉬 구분이 되거든요. 그런데 초보자들은 상대가 멀리 있으니 감쪽같이 속였다고 생각하지요. 그렇지만 그 모든 순간에 지적해댈 수는 없습니다. 그야말로 알고도 그냥 넘어가는 거지요.
혹시 그런 몹쓸 짓이 몸에 밴 분들 안 계시는가요? 남들이 몰라서 속는 것이 아니라는 것을 생각해보면 섬뜩하지 않나요? 그리고 잘 생각해보면 옮기고만 싶은 바로 그 지점, 피하고 싶은 그 난관이 실은 골프나 인생의 묘미가 시작되는 지점일 텐데 룰이나 양심의 문제를 운운하지 않더라도 위험과 장애를 극복한 자만이 느낄 수 있는 진정한 골프의 맛을 스스로 포기하는 것이 너무 안타깝습니다.

• 넌 아직 아무것도 한 게 없어

물론 직관적으로 이건 아니다 싶거나 이 길은 내가 갈 길이 아니다 싶을 수 있지요. 또 형편이 허락하지 않을 수도 있고요. 하지만 노력이 충분하다 싶지 않은데 지레 포기하는 사람들을 보면 참 안타깝습니다. 골프만을 이야기하는 건 아닙니다. 골프 따위야 해도 그만, 안 해도 그만인 일이지만 쉽사리 뭔 일에 덤벼들었다가 별로 노력한 바도 없으면서 더는 어쩔 수 없다고 이야기하는 것이 골프만의 일이 아닐까 봐 그러는 거지요.

나이 50이 되어서 삶이 어디론가 수렴하는 세월이 되다 보니 젊었을 때는 내가 왜 이 짓을 하고 있지 싶었던 많은 일이, 내가 이 사람을 왜 만나지 싶었던 관계들이, 지류가 모여 강을 이루듯 지금의 내 삶을 구성하고 있음을 알게 됩니다. 사람으로서의 의미와 희망의 끈 하나 놓치지 않고 가다 보면 '부질없고 소용없는 관계나 일상은 없다'라는 것을 알게 되던데요.

20 . .

20 . .

20 . .

20 . .

20 . .

AUGUST

memo

20 . .

20 . .

20 . .

20 . .

20 . .

• 꽉 쥔 그립을 풀며

힘을 빼고 해야 하는 일 어디 '스윙'뿐이겠습니까? 세상에 억지힘으로 되는 일이 있던가요? 세상 어지럽히고 조직 망치는데 '지혜롭지 못한 자들의 힘'만큼 무서운 것이 없고 '방향 없는 부지런함'만 한 것도 없습니다. '순리'를 따라야 할 일입니다. 꽉 붙들고 있던 것을 놓아야 하는 일이 어디 '그립'만이겠습니까? 인연도 놓아야 하고 옛 추억도 놓아야 하고 과거의 성취도, 성취의 경험마저도 놓아야 합니다. 그래야만 하는 '때'를 기어코 만났습니다. 한 번의 샷으로 망념과 망상을 날리고 또 한 번의 샷으로 자신을 깨야만 하는 그런 엄혹한 세월을 만났습니다.

memo

• 빼앗을 수 없는 것

20 . .

눈을 감고 가만히 생각해보세요.
지금 하고 있던 일을 그만두면 무엇을 하고 살 수 있을까? 지금의 관계들 부부, 가족, 연인, 친구, 선후배, 회사, 사회적 관계들 그런 것들로부터 떠나면 어떻게 될까?
과연 살 수는 있는 것일까?

20 . .

그 모든 것으로부터 떠났을 때 자신에게 남아 있는 것 바로 그것이 자기 자신이고 자신만의 '가치'입니다.
처음에는 막막하고 두렵지만 잘 생각해보면 우리는 바닥에서 시작하더라도 다시 이룰 무한한 가능성 속에 있습니다. 어쩌면 지금 소유하고 있는 것과 자신을 둘러싸고 있는 관계들이 자신의 더 많은 잠재력을 묶어두고 있는 것일 수도 있습니다.

20 . .

우리에게 골프는 무엇입니까? 빼앗길 수도 있고 때론 스스로 버릴 수도 있어야 하지 않을까요? 어차피 그런 것을 그렇지 않은 어떤 것으로 억지를 부리면 삶 전체가 왜곡되고, 왜곡된 삶이 다시 골프를 옥죄어 올 것입니다. 그것이 무엇이든 내 삶에 올바로 위치 지어져야 삶도 그것도 아름답습니다.

20 . .

20 . .

GOLF DIARY

23

memo

20 . .

20 . .

20 . .

20 . .

20 . .

• 욕심의 연습

욕심으로 연습하면 욕심의 샷이 되고 화로 연습하면 화난 샷이 만들어진다.
연습하면서 자신에게 물어야 한다.
'지금 무슨 마음으로 연습하고 있는가?'
'멋진 샷을 날려야지'라는 마음으로 연습을 하게 되면 욕심으로 연습을 하는 것이고, 그것은 하나의 집착이 되고, 굿 샷이 아닌 샷을 싫어하게 되고, 화가 난다. 결국, 굿 샷이 아닌 샷에 대해 화를 내는 것을 연습하게 되는 것이다.
그저 해야 할 일이니 하면 된다. 하기로 한 일이니 무심히 그리고 꾸준히 하면 된다. 어떤 결과를 기대하고 해서는 안 된다. 아무런 바람 없이 몸의 느낌에 몰입하고 공이 닿는 순간에 집중하면서 결과를 수용하는 연습은 좋은 결과를 가져올 뿐 아니라 그 자체로 멋진 공부가 된다.

memo

• 골프 삼덕三德

20 . .

우리가 믿고 살아온 상생의 원칙들이 많고도 많지만 3덕은 실용적이면서도 가슴이 뭉클해지는 장면입니다. 골프의 삼덕三德은 무엇일까요?

덕을 쌓는 첫째는 벙커 정리입니다. 다음에 들어올 사람이 닥칠 어려움을 생각해서 벙커를 깨끗하게 정리하고 나오는 일. 자신의 발자국이나 클럽 자국뿐 아니라 그 이전에 남아 있던 자국까지도 정리하는 겁니다. 두 번째는 뒤땅을 쳐서 생긴 자국이나 디봇 자국을 정리하는 겁니다. 파열되어 날아간 것은 어쩔 수 없지만, 잔디의 상처를 어루만지고 쓰다듬는 일은 마음만 내면 할 수 있는 일입니다. 그리고 마지막은 그린의 볼 자국을 수리하는 겁니다. 자신의 볼이 떨어진 자국은 물론 이미 생겨 있는 볼 자국도 정리하는 거죠.

내가 골프를 치면서 닥치는 불쾌함이나 불편함은 바로 다른 사람도 그리 느낄 문제입니다. 어찌 되었건 변화는 아주 사소한 데서 나로부터 시작될 수밖에 없고 결국 내게로 돌아올 것이니, 골프 삼덕三德! 하루도 미룰 수 없는 일입니다.

20 . .

20 . .

20 . .

20 . .

GOLF DIARY

25

memo

20 . .

20 . .

20 . .

20 . .

20 . .

AUGUST

• 새벽이슬

요즘 새벽 라운드가 많으시지요. 저도 오늘 새벽 5시 25분 골프를 다녀왔습니다.

오랜만의 새벽 라운드라 성적이 좋지는 않았습니다만 빛나는 이슬, 페어웨이 잔디를 비집고 드문드문 올라온 너무 귀여워서 절로 웃음이 나는 소인국의 우산처럼 작은 버섯들, 비를 잔뜩 머금은 구름의 회화, 뼛속까지 젖어 드는 촉촉한 새벽공기, 허공에 가득한 매미 소리, 새소리, 더불어 참 행복했습니다.

요즘 라운드 횟수가 적어서 한 라운드 한 라운드가 그 어느 때보다 소중합니다. 그래서 한번 필드를 가면 골프 그 자체를 온몸으로 느끼려고 애씁니다. 되도록 많이 걸으려 노력하고요.

가끔은 눈을 감고 걸으면서 발바닥으로 잔디의 부드러움이나 푹신함을 느껴보기도 하고 발걸음마다 몸과 놀면서 몸의 변화를 음미하기도 합니다.

샷은 최대한 몰입의 정도를 끌어 올리고 걸으면서 이완하고, 다시 집중하고 또 이완하고, 집중하고 이완하고…. 하다 보면 어느새 라운드 전체가 호흡이 되고 리듬을 타고

memo

20 . .

있습니다. 그 리듬 속에 있다 보면 슬픔도 잠시 놓게 되고 삶의 고단함도 접게 되고 문득 마음이 고요해지는 순간이 옵니다. 아침에 일어나기가 어려워서 그렇지, 새벽 골프는 한낮의 골프나 석양의 골프가 줄 수 없는 많은 선물을 가지고 우릴 기다리고 있습니다. 그러나 아무에게나 주지는 않고 받으려 애쓰는 사람에게만 준다는군요. 새벽 골프가 주는 선물은 '정화淨化'입니다.

20 . .

20 . .

20 . .

20 . .

memo

20 . .

20 . .

20 . .

20 . .

20 . .

• 희한한 골프의 법칙

연습할 때 슬라이스가 나면 100개쯤 계속 슬라이스를 내도록 제발 좀 내버려 두세요. 섣부른 교정이 스윙을 망칩니다.
상처가 곪기 시작하면 어느 정도 진행이 되도록 놔둬야지 섣부르게 치료하려고 덤비다가 더 큰 병을 만드는 것과 같습니다.
연습장에서 연습하는 모습을 가만히 보고 있으면 샷 하나하나의 실수에 너무들 연연합니다. 슬라이스나 생크가 나오면 호떡집에 불이라도 난 듯 호들갑을 떱니다. 슬라이스를 내지 말아야지 하는 마음이 더 큰 슬라이스를 가지고 옵니다. 성공해야 한다는 강박관념이 실패를 부르는 이치와 같습니다.
큰 실패가 없어서 큰 성취가 없는 것은 아닐까요? 실패가 두려운 것이 아니라 실패를 두려워하는 마음이 더 두려운 것이지요.
실패를 두고 못 보는 조급한 성과주의는 선생님들이 더합니다. 스스로 깨닫도록 기다려 주지를 못합니다. 골프가 어려운 것은 실패의 절대량이 부족해서입니다. 너무도 많은 실수와 실패에 익숙해져서 실패가 더는 두렵지 않고, 오히려 실패가 나오더라도

memo

이겨갈 수 있는 내적인 힘이 생길 때 성취가 어느덧 내 곁에 다가와 있습니다.
"실패를 많이 한 사람이 골프를 잘 친다."
이것이 희한한 골프의 법칙입니다. 끝까지 포기하지만 않는다면 말입니다.

20 . .

20 . .

20 . .

20 . .

20 . .

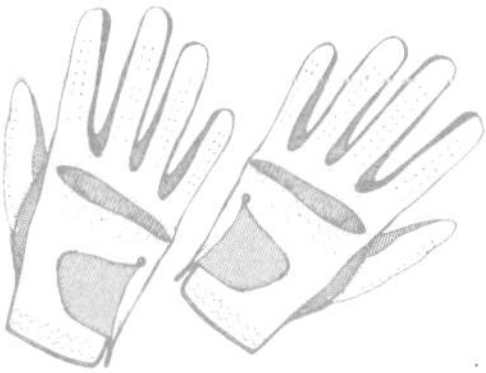

memo

20 . .

20 . .

20 . .

20 . .

20 . .

AUGUST

• 첫 샷

어느 정도 구력이 되면 첫 홀의 성적이 터무니없을 수도 없고 의외의 성적이 나왔다 하더라도 앞으로 17홀이나 남았는데 '잘 되겠지, 괜찮아' 자신에 대한 믿음이 있습니다. 그렇지만 초보자들은 첫 홀의 성패가 이후 진행될 전체 게임에 극단적인 영향을 미칩니다. 그러니 첫 홀을 잘 치러야 합니다. 사업도 그렇고 사랑하는 것도 그렇고 사람 사는 일 전부가 그렇습니다. 첫 홀이 중요합니다.

어떻게 하면 첫 홀을 잘 치를 수 있을까요? 첫 샷의 실수는 가히 치명적입니다. 장사도 '마수걸이'가 중요하고 사람도 '첫인상'이 중요합니다. 그러니 중요한 프레젠테이션을 준비하는 마음으로 몸과 마음을 풀고, 사랑하는 사람을 만나는 기대감으로 첫 샷을 준비해야 합니다. 심신이 모든 준비를 마쳤다 하더라도 가장 자신 있는 클럽으로 첫 티샷을 해야 합니다. 티 박스에서 꼭 드라이버를 쳐야 한다는 법은 어디에도 없습니다. 첫 샷만은 그것이 무엇이든 누가 뭐라 하든 성공 확률이 가장 높은 샷을 해야 합니다. 처음 업무를 시작하는데 제일 못하

memo

20 . .

20 . .

20 . .

20 . .

20 . .

고 자신 없는 일부터 착수하는 사람은 '바보'인 거죠.
첫 홀을 잘 치른다는 것의 의미는 무엇일까요? 파든 보기든 더블이든 자신이 원하는 스코어를 얻는 것이겠지요. 그렇다면 첫 홀의 스코어 목표를 분명히 해야 합니다. 최근의 스코어가 어떠했건 라운드 전에 얼마나 열심히 연습했건 무조건 자신의 평균 스코어가 첫 홀의 목표라야 합니다. 더블보기 플레이어가 보기를 목표로 한다거나 보기 플레이어가 파를 목표로 하는 것부터가 비극이 시작되는 겁니다. 보기가 자신의 평균 스코어지만 최근에 연습도 라운드도 부족했다면 첫 홀은 더블 보기를 목표로 하는 것이 '양식 있는 사람'이고, '양심 살아 있는 사람'이겠지요.
첫 홀을 잘 치러낸다는 것을 마치 샷이 제대로 됐냐 아니냐의 문제인 양 생각하기 쉽지만 실은, 마음가짐의 승리이고 골프를 대하는 태도와 자세의 승리인 겁니다.
새로운 일, 하루의 시작, 새로운 사람과의 만남, 첫 홀을 잘 치르는 마음으로 하면 틀림없을 겁니다.

memo

20 . .

20 . .

20 . .

20 . .

20 . .

• 길을 찾는 이에게

골프는 습관입니다. 스윙 습관, 연습 습관, 라운드 습관…. 스코어의 향상은 잔기술 몇 가지를 배워서 될 일이 아니라 습관의 변화로부터 오는 것입니다.
나쁜 습관과 싸우려 하기보다는 골프를 행복하게 해줄 멋진 습관 하나를 만들어 봅시다.

Golf Diary

September

9월

memo

20 . .

20 . .

20 . .

20 . .

20 . .

• 껄껄껄

18홀의 드라마를 끝내고 들어오는 모습들을 보면 산전과 수전을 겪고 희로애락을 건너 삶을 마무리하고 들어오는 사람들의 모습과 같습니다. 환한 웃음으로 들어오는 사람들 별로 없습니다. 모두 '껄', '껄', '껄' 하는 거죠.
'드라이버를 잡지 말걸',
'그 좁은 개미허리에서 왜 드라이버를 잡았을까?'
'해저드를 피할걸',
'그걸 넘기겠다고 연습장에서도 잘 안 되는 롱 아이언을?'
'내기하지 말걸',
'하더라도 배판은 받지 말걸',
'캐디를 미워하지 말걸',
'스코어에 연연하지 말고 더 재미있게 칠걸',
'평소에 연습을 좀 더 할걸',
삶의 마무리가 골프를 마무리하는 모습과 그다지 다르지 않을 것이라 주장하면 너무 섬뜩한가요? 그렇지만 작은 마무리들이 모여 큰 마무리가 되는 것은 어쩌면 너무 당연한 거 아닌가요?

memo

• 신기한 일

마른하늘에 천둥이 치고 벼락이 치는데 골프를 치는 사람도 신기하지만, 새 소리, 바람 소리 들으면서 보통의 골프를 치는 사람도 신기하기는 마찬가지입니다. 아름다운 풍광을 즐기며 골프를 치는 것도 고마운 일이지만 그저 그런 날 아무렇지도 않은 골프를 치는 것도 넘치게 감사할 일입니다. 왜냐하면, 살아서, 걸어 다니면서, 좋은 사람들과 시간과 공간을 함께 마침, 골프라는 행위를 할 수 있다는 사실, 그 자체가 기적이기 때문입니다.

20 . .

20 . .

20 . .

20 . .

20 . .

memo

20 . .

20 . .

20 . .

20 . .

20 . .

• 사람 냄새

땀 냄새도 변한다는 것 아세요? 생활이 맑은 사람의 땀은 맑습니다. 무색무취하면서 그 사람 특유의 체취가 묻어납니다. 사실 건강한 땀내, 그보다 더 훌륭한 향수는 없습니다. 그런데 거친 삶에는 거친 땀내가 나고 탐욕스러운 삶의 땀은 탐욕의 냄새가 납니다. 피도 그렇답니다. 아마존의 '싱구' 족은 '히니'라는, 우리식으로 표현하면 '사혈'에 해당하는 행위를 매일 의식처럼 행하는데, 물고기의 이빨로 피부를 긁는 거죠. 도시인들이 가끔 따라 하면 악취와 비린내가 난다며 코를 잡고 도망을 친답니다.

너무 강한 향이 있으면 그 속에서 미세한 향내를 맡기가 쉽지 않습니다. 우리가 사는 이 세상은 성공과 물질적인 성취의 향이 너무 강해서 '소박한 이룸'과 작지만 소중한 '가치의 지킴'이 내는 은은한 향기를 맡기가 쉽지 않습니다. 몸이든 영혼이든 맑아져야 나만의 향기가 나고 향기가 나는 골프도 할 수 있을 거고 '사람의 향기'도 맡을 수 있을 겁니다.

memo

• 세르파

20 . .

라운드하는데 유난히 자신의 라베(life best score)가 아니라 동반자의 라베를 자주 목격한다며 장난스럽게 투덜거리는 사람이 있었습니다. 우연이라기에는 그런 일이 너무 빈번했던 그 사람과 동반 라운드를 할 기회가 있었습니다.

20 . .

본인은 극구 우연이라 이야기하지만, 함께 라운드해본 결과, 그 사람은 타고난 배려심에다 분위기를 넘치지도 모자라지도 않게 만들 줄 아는 탁월한 능력의 소유자였습니다. 자신의 골프는 제쳐두고 남의 골프만 좇는 줏대 없는 골프도 아니고 얄팍한 사업상의 이유로 스코어를 맞추는 허접한 접대 골프도 아니었습니다. 집중하지만 긴장하지 않고 서두르지 않지만 게으르지도 않았습니다. 자신의 골프에 몰입해 있나 싶으면 어느새 남의 공을 찾아주고 있고 조용한 위로와 우렁찬 칭찬이 어색하지 않았습니다.

20 . .

20 . .

모두가 골프가 안 된다고 불만투성이이고 골프에서조차도 우뚝 서 보려고 안달하는 속에 그 사람의 그런 모습, 보석처럼 빛이 났습니다. 세르파 골프 어떠세요?

20 . .

SEPTEMBER

GOLF DIARY

05

memo

20 . .

20 . .

20 . .

20 . .

20 . .

SEPTEMBER

• 롱샷

저는 그렇습니다. 약간 퍼진 라면이 좋고 김치도 충분히 익힌 것이 좋고 매운탕도 먹는 동안 푹푹 끓어서 건더기와 국물이 혼연일체가 된 상태를 더 즐깁니다. 할리우드 영화의 때려 부수는 순발력보다 '붉은 수수밭'에 나오는 사람이 깨알처럼 보일 때까지 카메라를 들이대고 있는 롱테이크 샷이 오래도록 기억 속에 남아 있습니다. 넘치는 힘으로 순간적인 성과를 내는 '클로즈업 골프'보다는, 느긋하면서도 끈질기고 꺼질 듯 스러질 듯 이어가는…. 힘자랑, 돈 자랑, 시간 자랑이 아니라 생활 속에 뿌리를 내린 '뭉근한 골프'를 더 사랑합니다.
멀리서 바라보는 골프장 그 안에 뭉글뭉글 아득한 사람들 참 아름답습니다.

memo

• 결국 남는 것

사람이 죽어서 남는 것은 그가 '모았던 것'이 아니라 그가 '주었던 것'이라고 합니다. 골프 후에 남는 것들도 그렇지요. '내가 잘하고', '내가 멋지고' 이런 것들은 사람의 마음속에 그리 오래 남아 있지 않습니다. 오히려 따뜻한 격려의 말 한마디, 숲속으로 날아간 공을 함께 찾아주는 배려, 진심어린 칭찬과 위로, 언제나 내 편이 되어주는 변함없는 믿음, 이런 것들이 오래도록 사람의 마음에 남을 겁니다.
골프, 당신이 잘하는 것을 구경하러 오는 사람은 한 명도 없다는 걸 잊지 마세요!

20 . .

20 . .

20 . .

20 . .

20 . .

SEPTEMBER

GOLF DIARY

07

memo

20 . .

20 . .

20 . .

20 . .

20 . .

SEPTEMBER

• 어떤 골프

절친한 대학 친구가 있습니다. 친구에겐 아들이 있는데, 눈에 넣어도 아프지 않을 그 아들이 꿈에 그리던 대학 입학을 앞두고 뇌에 악성종양이 발견되어 수술에 수술을 거듭했습니다. 친구는 생업을 다 포기하고 그 아들을 살려보려고 백방으로 뛰어다녔고 다행히 목숨은 건졌습니다.

아들은 잘 듣지도 말하지도 걷지도 기억하지도 못하는 어린아이가 되어 친구에게 돌아왔습니다. 친구는 아들과 함께 종종 라운드합니다. 해는 뉘엿뉘엿 서산으로 기울고 성치 못한 아들을 끌고 한 홀 한 홀을 걸어야 하는 아비의 심정은 도대체 어떤 것일까요.

골프에 관한 글도 영화도 현실의 다양한 모습도 많이 봤지만 이런 골프는 도대체 뭐라고 이야기할 수 있을까요? 친구가 감내할 삶의 무게나 회한을 생각해보면 힘들다는 여러 가지 우리 현실이 그저 투정에 불과하고 살아 숨 쉬는 것조차 감사해야 할 일로 여겨집니다. 친구와 아들의 골프가 조금이라도 건강을 회복하는 아름다운 여행이 되기를 간절히 기도할 따름입니다.

memo

• 볼이 왜 그러겠어요

볼이 왜 그러긴요. 볼은 시킨 대로 한 겁니다. 볼이 무슨 생각이 있었겠어요? 볼이 무슨 억하심정이 있어 산으로 계곡으로 갔겠느냐고요? 때리니 맞은 것이고 찍으니 찍힌 거고, 감아치니 감긴 거고, 말아 치니 말린 거고, 깎아 치니 깎인 거겠죠. 팔도 그래요. 걔가 무슨 생각이 있는 앤가요. 당기라니 당긴 거고, 밀라니 민 거겠지요. 클럽도 그렇죠. 애당초 그놈 성질을 파악하지 못한 것이 문제지 뭘 그리 괴롭히려고 작정이야 했겠어요. 원흉은 따로 있는데 괜히 애들 잡지 마세요. 걔들도 참다 참다 한번 삐치면 무서워요. 그러니 성질 좀 죽여요. 욕심도 좀 줄이시고요. 제발. 갈 길이 멀어요. 그저 꾸준히 묵묵히 볼하고도 클럽하고도 몸하고도 도란도란 이야기나 나누면서 걸어요. 그러면 잔디도 바람도 나무도 들꽃들도 다 도와줄 거예요. 괜찮아요. 너무 잘하려는 것도 병인 거 알죠?.

20 . .

20 . .

20 . .

20 . .

20 . .

SEPTEMBER

GOLF DIARY

09

memo

20 . .

20 . .

20 . .

20 . .

20 . .

• 한발 앞서면 죽는다

너무 앞서면 죽습니다. 이념적으로도 전략적으로도 그렇습니다. 문화적으로도 그렇고, 정치도 권력도 그렇고, 역사가 그렇습니다. 상품의 바다에서도 마찬가집니다. 지나치게 빨리 시장에 도전했다가 시장만 열어놓고 사라진 기업들 많습니다. 그래서 아예 이등 전략이라는 마케팅 기법도 있는 거고요. '뒤처지면 죽는다', '앞서야만 산다'로 거칠게 몰아붙이는 세상에서 앞선 자리를 나누는 철새들의 지혜가 새삼스럽습니다. 선점 효과, 선제공격, 선물 거래…. 물론 앞서면 더 많은 기회가 열리겠지요. 하지만 한꺼번에 독식하려다, 그만큼 커다란 위험에 노출된다는 것을 간과하지는 마세요.
골프, 너무 앞서려 하지 마세요. 연습도, 스코어도 2등 전략! 꽤 괜찮은 '골프 방법론'입니다.

memo

• 세월이 만드는 것

20 . .

20 . .

20 . .

20 . .

20 . .

사람이 만들어 낸 '새로운 것'치고 경외심을 불러일으킬 만한 것이 별로 없는데, 신제품, 신발명, 신소재, 신개발, 온통 '새것'에 대한 선전과 광고에 세뇌가 되고, '새것'이나 '새로움'이 좋다는 믿음이 됩니다. 사물을 넘어 인간조차도 '새것'이 되고 싶게 만듭니다. 새것은 좋은 것이고 젊음도 좋은 겁니다. 하지만 그것만 강조하다 보면 '낡은 것'은 나쁜 것이 되고 '나이 듦'은 초라한 것이 되어버립니다.

골프도 그렇습니다. 내 몸에 맞도록 고쳐 쓸 수 있다면 아버지께서 물려주신 것, 선배에게 얻은 상처투성이 녹슨 클럽이 아름답고, 기쁨과 슬픔의 때가 묻은 클럽하우스나 조금은 거칠지만, 행운과 불운의 사연들이 담긴 페어웨이와 그린이 아름다운 겁니다. 스윙도 너무 자주 바꾸려 하지 마세요. 표준으로부터 좀 멀어졌더라도 오랠수록 맛을 더해가는 '묵은장 같은 스윙'이 더 좋은 겁니다.

GOLF DIARY

11

memo

20 . .

20 . .

20 . .

20 . .

20 . .

• 해서는 안 될 일

드라이버를 치면 절대 안 되는 홀이 있고 직접 공략해서는 죽어도 안 되는 그린이 있고 내기 골프로 덤벼서는 젖 먹던 힘을 다해도 안 되는 상대가 있습니다. 보기 플레이할 때부터 덤볐지만 아직 정복이 안 된 골프장이 있고, 난공불락! 한스럽던 골프장이 어느새 얌전하게 자신을 온전히 내주는 때도 있습니다. 함부로 넘봐서는 애당초 안 되는 골프장이 있는 거지요.

처음 가는 골프 코스나 골프 상대를 처음 대하게 될 때는 조용히 물을 일입니다. 그는, 혹은 그녀는 내게 무엇인가? 그릇의 크기가 안 되면서 그것을 내 품에 담으려 할 때 돈도, 사랑도, 사업도, 심지어 골프마저도…. 고통이 됩니다.

그릇의 작음이 허물이 아니라 그 그릇으로 무엇을 하려는지가 걱정입니다.

스윙이나 샷이 문제가 아니라 참아야 할 때, 돌아가야 할 때, 쉬어야 할 때, 피해야 할 때를 가늠하는 것이 더 절실한 세월입니다.

SEPTEMBER

memo

• 상처

가장 사랑하는 사람이 가장 큰 상처를 줍니다. 잘 모르는 사람이 혹은 알더라도 안 보면 그만인 사람이 주는 고통은 순간 불같이 화가 나기도 하고 심하게 아플지는 모르지만 '상처'가 되진 않습니다. 웬만큼 안전거리를 유지하고 있었기에 금세 잊혀지지요. 안 보려야 안 볼 수 없고 미워하려 해도 미워할 수 없는 사람, 믿고 의지하고 사랑했던 사람이 준 고통은 그것이 아무리 사소한 것이었다 하더라도 상처가 되고 흉터로 남습니다.

누구나 성장기에 부모가 준 상처 하나쯤은 가지고 있고 형제자매나 너무도 친했던 친구가 던진 한마디를 흉터로 가지고 있습니다. 우린 누군가의 자식이고 누군가의 부모이고 형제고 친구고 또 그 누군가의 사랑입니다.

골프도 바로 그런 사람들과 하게 되지요. 그러니 조심해야 합니다. 편안함이 거친 말이 되고 익숙함이 부주의가 되어서 지울 수 없는 상처가 되면 어찌합니까?

20 . .

20 . .

20 . .

20 . .

20 . .

GOLF DIARY

13

memo

20 . .

20 . .

20 . .

20 . .

20 . .

SEPTEMBER

• 물음

물음이 곧 그 사람입니다. 어떤 물음 속에 있는가가 그 사람의 존재를 드러냅니다. 자신에 대한 물음은 살아 있다는 증거이고 타인에 대한 물음의 종류와 깊이는 관계의 정도를 드러냅니다. 세상에 대한 물음은 변화와 발전의 원동력이지요. 친구든 연인이든 뭘 좋아할까? 원하는 것이 무엇일까?

더는 궁금한 것이 없는 상대를 생각해보세요. 더는 세상살이에 질문이 없는 상태를 생각해보세요.

물음에도 열린 물음이 있고 닫힌 물음이 있습니다. 닫힌 물음은 뻔한 물음이고 궁색하면서 물음을 위한 물음입니다. 그런 물음을 들으면 숨이 턱! 막힙니다. 하나 마나 한 물음인 거죠.

물음은 열려 있어야 합니다. 열린 물음은 뭔가를 다시 한번 생각하게 하고, 다른 각도에서 바라보게도 하고, 답을 하면서 스스로 생각과 마음이 정리되도록 돕습니다. 화난 사람을 진정하게 하는 것도 설득이기보다는 물음이고 긴장하고 있는 사람을 편안하게 만드는 것도 '열린 물음'입니다.

골프에 관해서 누군가 질문을 할 때도 그

GOLF DIARY

14

memo

사람의 연습 정도와 고민의 깊이가 그대로 드러납니다.
'골프 좀 잘 치는 방법 없어요?', '비거리 늘리는 비법 한 가지만 알려주세요!' 이런 유의 질문들 앞에 서면 기운이 쭉 빠집니다. 좋은 물음이 서로의 에너지를 끌어올린다는 것, 진실입니다.

20 . .

20 . .

20 . .

20 . .

20 . .

SEPTEMBER

GOLF DIARY

15

memo

20 . .

20 . .

20 . .

20 . .

20 . .

• 별은 아무에게나 보이지 않는다

어떤 암담한 상황이라도 희망은 있습니다. 지금 당장 내 눈에 보이지 않는다고 없다고 이야기하지 마세요. 정희성 시인은 아직 희망이 보이지 않는 것은 주위가 너무 들뜨고 밝아서이거나 차분히 자기 자신을 들여다보지 못해서랍니다. 허망한 기대와 끈질긴 욕심이 먹구름 되어 희망을 가리고 긴장과 불안이 맑고 투명했던 눈을 흐리는 거죠. 시인은 또 다른 시에서 어두운 밤하늘에 별이 빛나듯 절망 속에서 희망이 싹트는 건데 어찌 '절망'의 반대가 '희망'이겠냐고 묻습니다. 삶이 우릴 속이거든 이제 곧 희망이 오려나 스스로 더 고요해져 봅시다. 아침저녁 바람이 벌써 그러합니다.

memo

• 핸드폰

20 . .

우린 '데이터 스모그' 속을 살고 있습니다. 접속만 하면 무한정한 정보가 쏟아집니다. 자신도 설명하기 힘든 감정의 상태를 몇몇 이모티콘이 과감하게 정리하고 요약해 줍니다. 접속하느라 접촉의 시간이 부족합니다.

20 . .

때론 접속 불능 상태가 필요합니다. 매일 뉴스를 보고 신문을 펼치는 것도 버릇입니다. 일주일 치를 몰아 보고 필요한 것만 골라서 봐도 아무 이상 없습니다. 아직 시도해 보진 않았지만 한 달 치를 몰아 본다 한들 그다지 달라질 것도 없을 듯합니다. 정보로부터의 독립이 절실합니다.

20 . .

골프장에 도착하면 핸드폰을 끄세요. 우린 지금 '접촉'하러 온 겁니다. 서로의 거친 숨소리를 듣고 성취의 기쁨이나 실패의 안타까운 표정들, 문자나 이모티콘으로 도무지 전달할 수 없는 보다 원초적이고, 더욱 순수한 모습의 감정들을 나누러 온 겁니다. 몇 시간 혹은 하루 정도 연락이 끊겨도 세상에 큰일 날 것도 없다는 경험이 필요합니다. 핸드폰을 가만히 락커에 모셔두세요.

20 . .

20 . .

SEPTEMBER

GOLF DIARY

17

memo

20 . .

20 . .

20 . .

20 . .

20 . .

SEPTEMBER

• 진정 원하는 바

뻔하다고 생각하죠. 다 안다고 치부하고 사는 거죠.

진정으로 나 자신이 원하고 있는 바가 무엇인지. 갑자기 누군가가 '골프를 왜 치냐'고, '골프를 치면서 무엇을 얻고자 하느냐'고, 진부하기도 하고 약간은 치기 어린, 뜬금없는 질문을 해온다면 사회적인 통념이나 관성적인 대답이 아닌 진짜 자신의 답을 하기란 그리 녹록한 일이 아닙니다.

상식적인 답을 한 껍질만 벗기고 들여다보면 비즈니스도 해야 하고, 거리도 내야 하고, 스코어도 좋아야 하고, 돈도 따야 하고, 경치도 즐겨야 하고, 계절도 느껴야 하고, 경쟁심, 승리욕, 과시욕, 학습의 욕구…. 대단히 다양한 욕구와 바람들이 실타래처럼 얽혀 있습니다.

그중 무엇이 진정으로 내가 원하는 바인가를 한번 생각해보세요.

'왜 돈을 버느냐'나 '왜 차나 집을 사느냐', '결혼은 왜 하려 하느냐'는 물음만큼이나 큰 중량감으로 다가올 겁니다.

원하는 바가 분명해지고 기대하는 정도가 명확해진다면 그것을 어찌 성취할 것인가

memo

의 방법은 단지 선택의 문제일 뿐이고, 골프는 편안해지고 그로 인한 행복감은 더욱 커질 겁니다.
이거다 싶은 '내면의 소리'가 섬광처럼 떠오르는 것은 아니죠. 떨어지는 물방울이 바위를 파듯 진정성이 담긴 '물음의 양'이 진주처럼 영롱한 답을 줄 겁니다.
입안의 가시처럼 조개의 부드러운 살 속의 모래 알갱이처럼 까칠하고 불편하겠지만 일하면서도 골프를 치면서도 끊임없이 물어야 합니다.
진정으로 네가 원하는 바가 뭐냐? 왜?

20 . .

20 . .

20 . .

20 . .

20 . .

SEPTEMBER

GOLF DIARY

19

memo

20 . .

20 . .

20 . .

20 . .

20 . .

• 바람이 된 골프

우리는 대자연으로부터 빌린 몸으로, 빌린 클럽으로, 빌린 공을 치고 있습니다. 우리가 화를 내고 긴장하고 기뻐하고 슬퍼하던 바로 그 골프장에 우리는 한 줌 바람으로 돌아올지도 모르겠습니다. 아니 어쩌면 골프장을 호령했던 수많은 고수도 잔디가 되어, 나무가 되어, 꽃이 되어 지긋한 미소로 여러분을 보고 있을지도 모릅니다. 길고 따스한 시선으로 골프를 봅시다.

memo

• 죽을 것 같았던 순간도

금방이라도 골프채를 부러뜨릴 것 같던 사람도 골프에 또 속았다면서 투덜거리던 사람도 이놈의 골프 계속해야 하냐고 얼굴을 붉히던 사람도 뜨뜻한 탕에 들어서면서 벌써 분이 반쯤은 풀리고, 서로의 장단점을 분석하고 스윙을 조언하는 '알몸 복기'를 하면서 '골프의 절망'을 슬슬 잊기 시작하고, 고기를 굽고 맥주와 사이다를 섞거나 소주와 맥주를 섞어 마시면서는 그날의 화도 완전히 저물어 갑니다. 거나한 뒤풀이 자리가 끝날 때쯤이면 다음 골프를 예약하느라 서로의 수첩을 뒤지고 있습니다.

그렇습니다. 죽을 것만 같았던 절망의 시간도 단지 어느 한 기간을 말하는 것일 뿐입니다. 그 시간을 어찌어찌 견디고 나면 '절망은 언제 그랬냐'는 듯이 또 다른 사건으로 옮겨가 있습니다. 새로운 희망을 찾거나 아니면 애써 희망을 만들어 내는 거죠. 지금 너무 힘들더라도 조금만 더 시간을 견뎌보세요. 우린 지금 그저 절망의 긴 터널을 지나고 있을 뿐입니다.

20 . .

20 . .

20 . .

20 . .

20 . .

SEPTEMBER

GOLF DIARY

21

memo

20 . .

20 . .

20 . .

20 . .

20 . .

• 받는 손 부끄럽지 않게

드라이빙 레인지나 필드에서 소위, 고수가 하수에게 레슨이나 조언하는 장면을 자주 목격합니다. 걱정스럽고 아슬아슬합니다. 외견, 잘 치는 사람이 가진 사람이고 베푸는 사람이고 도움을 주는 사람입니다. 배우고 있는 사람이 분명 약자이면서 도움을 받는 사람이지만 그 알량한 도움을 주고받는 장면을 보고 있노라면 '됐어, 알아서 할 테니 그만 좀 해', '너나 잘해' 하면서 클럽이라도 집어 던지지나 않을까, 조마조마해집니다.

하는 일이 마음 먹은 대로 되질 않고 하는 행동이 자연스럽지 않아 마음이 오그라들고 걱정도 많은 사람에게 무심히 던진 말이 교만으로 보일 수 있고 돕고자 건넨 말이 잘난 척으로 오해받기에 십상이지요. 자격지심이랄 수도 있고 속이 좁달 수 있지만, 그때 받은 상처, 참 오래갑니다. 제가 그랬습니다.

'받는 손 부끄럽지 않게 하라'는 어머님 말씀, 철들면서 비로소 느끼는 젓갈 맛처럼 고마워서 곱씹고 또 곱씹습니다.

memo

• 동사형 결심

바람과 성취 사이에는 언제나 큰 간극이 있습니다. 목표가 없는 바람이나 과정이 잘 설계되지 않은 바람으로는 아무것도 이룰 수 없습니다. 무언가를 이루려면 명사적인 선언이 아니라 동사적인 행동지침이 더 절실합니다. '90타를 쳐야지'라거나 '싱글이 되어야지'가 명사적이라면, '하루에 빈 스윙을 200번 한다', '퍼팅 연습을 100개씩 한다'는 동사적인 결심입니다. 지금 당장 골프를 잘하고 못하는 것은 그다지 중요하지 않습니다. 다만 목표가 분명하고 그 목표에 이르는 과정이 정연하고 그 정연함이 생활 속에 뿌리를 내리는가 그렇지 못한가가 중요할 뿐입니다. 그래서 우리 내 삶이 어딘가를 향해 한발 더 나아가는 것을 그저 지긋이 바라볼 뿐입니다.

20 . .

20 . .

20 . .

20 . .

20 . .

GOLF DIARY

23

memo

20 . .

20 . .

20 . .

20 . .

20 . .

• 함께 골프 치고 싶은 사람

주변을 둘러보면 유난히 친구들이 많이 찾는 단골손님이 있습니다. 그는 골프를 잘 쳐서 초대받는 것도, 돈을 잘 잃어줘서 부르는 것도, 예의가 발라서 끼워주는 것도 아닙니다. 꼭 사업상의 이유로 전화를 하는 것도 아니고 그의 유쾌한 농담이 그를 부르는 이유도 아닙니다. 유심히 들여다보면 그는 바로 상대에 대한 '배려가 깊은 사람'입니다.

관심을 가져달라고 꼬리치기보다는 있는 듯도 하고 없는 듯도 하지만 언제나 그와 함께 골프를 치면 사랑받고 있다는 따뜻한 느낌이 전해져 오는 사람! 저도 그런 사람이 되고 싶습니다.

memo

• 진인사대천명 盡人事待天命

멀쩡하던 드라이버 샷이 그 골프장에만 가면 난을 치고, 그놈(?)만 만나면 그냥저냥 맞아주던 아이언 샷이 고꾸라집니다. 나와 합이 맞는 골프장이 있고 나와 인연이 닿는 동반자가 있는 게지요. 바이오 리듬 한 가지만 보더라도 사람마다 그날그날의 상태가 다 다른데 '사소한 기술' 몇 가지로 천지의 기운과 시절의 인연을 다 감당해보겠다는 것이 가당키나 한 발상입니까. 굿 샷도 미스 샷도, 기막힌 라운드도 쓰라린 라운드도, 다 '인연의 탓'으로 돌리고 나면 덩그러니 '진인사'만 남습니다.

사람에 대해서 골프에 대해서 '내 할 도리를 다하고 있는지'만 물으면 될 일입니다.

20 . .

20 . .

20 . .

20 . .

20 . .

SEPTEMBER

GOLF DIARY

25

memo

20 . .

20 . .

20 . .

20 . .

20 . .

• 새 클럽 욕망

클럽을 자주 바꾸는 것은 자신의 수치스럽고 졸렬한 스윙의 결과로 나타난 자기 골프의 꾀죄죄함을 잊으려는 망각에의 열정이다. 그렇지만 새 클럽은 잠시 지루하고 반복적인 골프로부터 자신을 해방해주기도 하고 관습적인 욕망을 뒤집기도 한다. 과연 새 클럽이 우리의 스윙을 쇄신해 줄까?

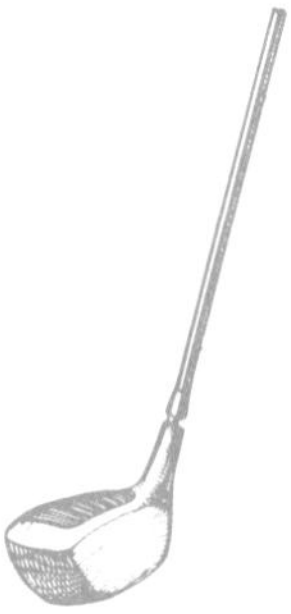

memo

• 행복은 빛 속에 있지 않았다

성공할 만한 조건과 환경을 갖춘 사람의 성공보다는 의외의 성공, 불가사의한 성공에 마음이 더 갑니다. 건축가 안도 다다오는 우리보다 더 보수적인 일본이라는 사회에서 전공자가 아니면서도 콘크리트를 소재로 일가를 이루고, 건축계의 세계적인 거장이 되었습니다. 건축에서 끊임없이 빛을 추구해왔던 그는 '행복은 빛 속에 있지 않다. 그림자 속에 있었다'라고 40년 건축가의 삶을 회고합니다.
어둠 속에서 아스라이 보이는 한 줄기 빛이 행복이라는 거, 제가 살아온 경험으로도 그렇습니다. 앞으로도 여전하리라는 생각에 때론 암담하지만 광맥을 찾기보다는 사금을 찾는 심정이 더 지혜롭다는 생각입니다. 언제나 실패하고 좌절하지만, 방향을 잃지 않고 가다 보면 고스란히 쌓여가는 그 무엇, 분명히 있습니다. 골프도 다르지 않습니다. 날도 차고 눈길도 험하고 방향 잃지 않도록 조심하세요.

20 . .

20 . .

20 . .

20 . .

20 . .

SEPTEMBER

memo

20 . .

20 . .

20 . .

20 . .

20 . .

• 방심과 조심

마음의 넓이와 깊이는 변합니다. 넉넉하고 건강할 때의 마음은 한없이 넓다가도 몸이 아프고 형편이 곤궁할 때는 바늘 하나 꽂을 틈이 없습니다. 마음의 크기는 내적인 기운에 비례합니다. 기혈이 잘 순환되고 건강하면 여유롭고 넉넉하지만, 몸이 균형을 잃으면 치졸하고 옹졸해집니다. 마음과 몸의 관계가 그렇습니다.

어느 순간 지나치게 욕심을 부리고 있거나 마음이 자꾸 급해지거나 집중이 잘 안되고 산만해진다 싶으면 가만히 몸을 살펴보세요. 분명 어딘가가 막히고 뭉쳐 있을 겁니다. 내적으로 강한 기운이 외면으로 드러날 때의 모습이 '조심, 조심'입니다.

차분하게! 침착하게!

매사 조심스럽게!

골프 치면서 많이 듣는 소리죠! 왠지 들뜬다면 기운이 모자라는 겁니다. 그렇다면 모자라고 맺힌 기운을 어떻게 풀고 보충해야 할까요? 약으로 치료하고 지압이나 마사지로 풀까요? 그것이 단기 처방일 수 있지만, 근본적으로는 '생활의 재구성'만이 답입니다.

memo

• 오비 방지용 약

옆구리에 붙이면 스웨이가 방지되고, 머리에 붙이면 헤드 업이 없어지는 파스 티 박스에서 먹으면 걱정 근심이 사라지면서 오비가 없어지고 퍼팅그린에서 먹으면 긴장이 사라지면서 홀컵이 커 보이는 그런 긍정과 자신감을 주는 약! 없을까요?
그런데 잘 생각해보세요. 긍정의 약과 부정의 약, 비관의 약과 낙관의 약, 긴장 촉진제와 긴장 완화제, 흥분제와 신경안정제 두 가지 약 모두를 우리는 이미 가지고 있습니다. 지금 당신의 주머니에 있을지도 모르고 골프 백 어딘가에 오래전에 넣어두고서 잊고 있는 건지도 모릅니다. 단지 부정과 비관의 약을 더 많이 그리고 자주 그리고 습관적으로 먹고 있을 뿐일 겁니다.

20 . .

20 . .

20 . .

20 . .

20 . .

memo

20 . .

20 . .

20 . .

20 . .

20 . .

• 사지사지 귀신통지
思之思之 鬼神通之

공부든 운동이든 계획들 많이 하시죠. 혹여 도움이 될까 싶어 책 속의 한 구절 옮겨 봤습니다. 공부하는 것이라면 무식한 방법이 상책이라고, 무조건 중얼중얼 외우라는 거죠. 제 경험으로는 이때 소리를 내서 외우는 것이 매우 중요합니다.

만약 운동을 결심하셨다면 '행지행지 귀신통지行之行之 鬼神通之'라는 말을 드리고 싶습니다. '사지사지 귀신통지思之思之 鬼神通之'의 사思를 행行으로 제가 살짝 바꾼 겁니다. 밤낮으로 행하고 행하다 보면 문리가 트이면서 천지신명도 알고 돕는다는 이야기 아니겠습니까?

골프를 예로 들자면 그때의 '행行'은 당연히 빈 스윙입니다. 저도 나름 원願을 세운 바가 있어 108배와 빈 스윙을 꾸준히 하고 있는데 하면 할수록 스윙은 좋아지고 느끼고 깨닫는 바가 또 새롭습니다.

memo

• 바꿔

드라이버가 잘 맞지 않는다고 자주 드라이버를 바꾸는 이에게 곁에 있던 친구가 이야기합니다. "드라이버를 바꿔서 될 일이 아니여, 팔을 바꿔." 그랬더니 그 옆의 친구, 한술 더 뜹니다. "아니야, 눈을 바꿔야 할 껴." 연어가 바다로 들어갈 때 변신하듯이 골프장에 들어갈 때 '변신'이라도 하고픈 심정입니다. 공만 보면 사람이 달라지니 눈을 바꾸고, 그립을 잡는 것 외에는 원천적으로 힘을 쓸 수 없도록 팔도 바꾸고, 뻣뻣한 허리도 교체하고. 바꾸고 싶어도 바꿀 수 없는 것이 몸입니다. 그러니 할 수 없습니다. 세상을 보는 눈을 바꿀 수밖에. 패러다임이나 관점을 바꿔야 합니다. '빠름의 신화'에서 '느림의 미학'으로 '효율'에서 '효과'로, '결과'보다는 '과정'으로, '경쟁'에서 '배려'니 '친교'로 '마음'을 바꿔먹어야 합니다.

20 . .

20 . .

20 . .

20 . .

20 . .

SEPTEMBER

October

10월

memo

20 . .

20 . .

20 . .

20 . .

20 . .

• 상처

세월이 무지하게 오래 지났는데도 삼립식품에서 나온 '크림빵'을 보면 저는 그냥 지나치지 못합니다. 사실 그것보다 더 맛있는 빵도 많고 사 먹으려면 얼마든지 먹을 수도 있는데도 어린 시절 비싸서 양껏 먹을 수 없었던 아픈 추억이 내 속 어딘가에 똬리를 틀고 있는 거겠지요.

지금도 '달걀 프라이'가 반찬으로 오르면 누군가 나보다 더 먹지 않을까 눈치를 살피는 저 자신을 발견하고 속웃음을 짓습니다.

살아온 세월이 만든 아픔이나 결핍, 상처 이런 것들은 세월이 흘러 스치고 지나간 것 같지만 삶의 어딘가에 남아 있습니다. 묘한 버릇으로 남아 있거나 습관으로 모습을 드러내거나 편집적인 취향으로 나타나기도 하지요. 그러니 누군가를 사랑한다는 것은 습관이나 취향, 어떤 편향으로 드러나는 그 사람의 과거와 그 과거가 만든 상처를 보듬어 안는 것이어야겠지요.

스윙도 가만히 바라보고 있노라면 그 사람의 역사가 드러납니다. 성급하게 뜯어고치려 하기 전에 왜 그렇게 되었는가를 찬찬히 물어가다 보면 그렇게 될 수밖에 없었던 이

memo

20 . .

유를 발견할 수 있습니다.
상처라면 상처일 수 있는 그런 조건과 환경들을 공감하고 보면 문제투성이로 보이던 스윙이 상처 속에서 핀, 상처를 이겨낸 장한 몸짓으로 보입니다. 그 지점에서 비로소 서로 간의 배움이 시작되는 거 아닐까요?
골프 선생의 한 사람으로서 그리하려고 노력하고 있습니다.

20 . .

20 . .

20 . .

20 . .

GOLF DIARY

03

memo

20 . .

20 . .

20 . .

20 . .

20 . .

• 골프도 나를 붙들고 있다

내가 술을 마시고 있지만, 술이 나를 마시기도 하고 내가 큰 집을 샀지만 결국 그 집이 나를 구속하기도 합니다. 내가 아이들을 키운다고 굳게 믿고 있지만, 어느새 보면 아이들이 나를 성장시키고 있습니다. 즐겁자고 시작한 골프가 삶의 굴레가 되어 나를 속박하기도 하고, 어제보다 나은 골프를 위해 하루하루 땀 흘리고 가다 보면 골프 실력만큼이나 성큼 성숙한 나를 만나기도 합니다. 소유한 것이 나를 다시 소유한다니 아무거나, 무턱대고 '소유'할 일도 아니지만, 이왕 가져야 한다면 '잘 소유하는 지혜'가 필요하겠습니다.

memo

• 조화

20 . .

골퍼들의 스윙을 보고 있노라면 김 프로에게 배운 부분과 이 프로에게 배운 부분, 신문에서 읽은 것과 스스로 연구한 것들이 채 소화되지 못하고 덩어리로 뭉쳐 있습니다. 부분 부분을 보면 나름 그럴듯하지만, 전체적으로 부자연스럽습니다. 그 스윙의 결과도 당연, 불편합니다. 누구에게 배운 무엇이든 '조화란?' 오랜 반복의 과정을 거쳐 소화되고 몸의 조건에 맞게 재구성된 상태를 의미합니다.

20 . .

라운드 전체를 봐도 그렇습니다. 드라이버 샷은 명품인데 퍼팅은 짝퉁이라든가, 아이언은 예술인데 숏 게임은 외설이기도 합니다. 100타를 치든 90타를 치든 라운드에 쓰이는 각각의 기술들, 어느 한 부분의 특출함이 필요한 게 아니라 어느 한 부분도 특별히 빠지지 않는 전체적인 조화가 중요합니다.

20 . .

20 . .

봄이 왜 더디 오느냐고 투덜거리는 건 사람뿐. 아침에 광교산 자락을 올라보니 대지에는 봄기운이 물씬합니다. 잘하는 부분을 완성하기보다는 모자란 부분을 채워가는 노력이 시급합니다.

20 . .

OCTOBER

memo

20 . .

20 . .

20 . .

20 . .

20 . .

• 연습이 놀이가 되면

잘 노는 아이가 건강하고 머리도 좋다고 하지요. 공부도 놀이 삼아 하는 사람이 잘합니다. 골프도 게임으로 즐기는 사람이 진보가 빠릅니다. 연습을 많이 해도 원하는 만큼의 결과가 나오지 않거나 그동안 읽고 들은 스윙에 관한 온갖 생각과 지식으로 머릿속이 복잡하거든 연습의 과정을 '놀이'로 만들어 보세요. 드라이버를 연습할 때나 아이언을 연습할 때 자신만의 목표를 정해 놓고 그것을 '맞추기 놀이'를 하거나 숏 게임을 하면서는 바구니에 '넣기 놀이'를 합니다. 놀이에 몰입하다 보면 잡념이 없어지고 스윙 그 자체의 메커니즘에 대한 고민이 없어지면서 시간 가는 줄 모르게 됩니다. 연습이 즐거워야 골프가 행복해집니다.

memo

• 변화

동동거리며 공중전화 박스에 길게 늘어선 줄, 밤새워 설레는 마음으로 쓰던 편지, 아침에 읽어보고는 낯이 뜨거워 찢어버리던 일, 걸어갈 수밖에 없었던 모든 길의 사색, 약도를 들여다보며 물어물어 찾아갔기에 쉬 잊기 어려웠던 골목길들.

핸드폰과 이메일, 자동차와 내비게이션의 발달이 앗아간 그다지 오래지 않은 우리의 일상입니다. 캐디의 도움으로 거리를 목측하는 능력이 퇴화하고 카트의 발달은 다리 근육을 무력화시키면서 자연을 음미하는 시간의 길이와 만남의 깊이를 현저히 줄여 놓았습니다. 티타늄 소재의 도입은 퍼시몬의 뭉클한 손맛을 앗아갔습니다. 멋진 시계를 가지고 있기에 태양의 위치에 따라 시간을 보는 법을 잃어버렸고 밤하늘의 별을 보며 계절을 읽고 방향을 가늠하던 상식은 사라진 지 오래입니다.

골프, 골프장만은 문명화나 산업화, 새로운 기술이 가장 더디게 도입되는 그런 영역이었으면 좋겠습니다.

20 . .

20 . .

20 . .

20 . .

20 . .

OCTOBER

memo

20 . .

20 . .

20 . .

20 . .

20 . .

• 감정 노출

의식의 밑바닥에 잠재된 감정을 삶의 표면으로 드러내는 기회로서 골프는 참 유의미한 운동입니다. 연습장에서 혹은 필드에서 스윙하는 동안 가만히 자신을 들여다보십시오. 그 짧은 순간! 나는 얼마나 많은 생각을 하고 있는지? 처음에는 도무지 잘 보이지를 않습니다. 그렇지만 고요히 반복하다 보면, 감춰져 있던 부정적인 감정들이 드러나기 시작하고, 그러한 감정들은 도둑과 같아서 '알아차림'만으로도 어느새 슬금슬금 도망치고 사라져버립니다. 그런 연습이야 말로 바로 '기도'이기도 하고 또 '명상'이 되기도 합니다.

memo

• 공존

일종의 유혹입니다. 홀로 완전해지려는 것, 홀로 뛰어넘으려는 것, 성장하고 발전해서 홀로 우뚝 서려는 것. 한 꺼풀만 들치고 들여다보면 미련스럽고 바보 같다는 것을 알 수 있는데 그 참혹한 유혹을 끝내 버리지 못합니다. 나 홀로 성큼 커버린 나무는 주변의 생명을 죽이고 결국 자신의 존립기반도 사라져버립니다. 비판 기능을 잃은 권력은 부패하고 독과점화된 시장은 성장의 동력을 잃습니다.
내 골프만 월등해져서 계속 독식한다면 그 어떤 상대가 함께 골프를 하려 할까요? 동물은 식물에 의존해 있고 식물은 토양에 의존해 있고 토양은 식물과 동물의 잔해와 미생물에 의존해 있고…. 골프는 동반자들의 존재에 의존해 있습니다. 더불어 좋을 일이 없는 발전은 늘 경계를 게을리해서는 안 된다는 것, 적당해야 한다는 것이 제 생각입니다.

20 . .

20 . .

20 . .

20 . .

20 . .

OCTOBER

memo

20 . .

20 . .

20 . .

20 . .

20 . .

• 천 번의 붓질, 한 번의 입맞춤

오늘은 종일토록 '천 번의 붓질 한 번의 입맞춤'이라는 고고학 발굴 이야기를 읽었습니다. 연천 전곡리, 제천 점말 동굴, 암사동, 창원 다호리, 고령, 풍납토성, 부여 왕흥사터, 경주 안압지, 안동 이응태 무덤…. 27개의 발굴 이야기가 담겨 있는데 하나하나의 꼭지가 마치 탐정소설을 읽듯 흥미진진하고, 연애소설을 읽듯 애절해서 골프를 배우겠다고 찾아온 사람들을 상담하다가 쪼르륵, 연습하러 온 졸업생들과 이야기를 나누다가도 어느새 쪼르륵, 뒤 마려운 강아지처럼 방을 들락거리면서 한 권을 다 읽어 치웠습니다.

책을 다 읽고 땅속에 묻혀 있던 인골과 유물들이 준 감동이 채 가시기도 전에 한숨이 절로 나왔습니다.

온 국토가 유적이나 유물로 가득한데 어쩌자고 땅과 강을 마구 헤집고 있는가 하는 자괴감이 밀려드는 거죠. 이 좁은 국토에 500년이 넘는 왕조가 여러 번 있었습니다. 지구의 역사상 전무후무한 가장 밀도 높은 역사의 현장인 거죠. 게다가 최근에는 구석기와 신석기 시대를 넘어 공룡들의 자취까

memo

20 . .

20 . .

20 . .

20 . .

20 . .

지….

세계에 아름다운 산들이 많지만, 우리나라만큼 사람이 어우러져 살 수 있는 아담한 산들이 즐비한 나라는 없다는군요. 세상에 해변이 많지만 이렇게 사람들의 애환과 밀접하게 결합한 끝없이 넓은 갯벌도 흔치 않다네요. 제주의 '올레길'이 2009년의 히트 상품이 되었고 순천의 갯벌과 철새는 만 명이 넘는 관광객을 불러들였답니다. 우리나라의 산천초목은 인간의 섣부른 개발을 막으면서 있는 그대로 잘 보존하는 것이 가장 부가가치가 높은 상품이라는 생각입니다.

골프장도 난개발의 대표적 작품 중 하나인데 개발의 기간을 길게 하고 꼼꼼하게 살피면서 공사를 하면 그 밑에서 발견된 역사의 흔적들이 그 골프장을 더 깊이 있는 곳으로 만들고 더 큰 부가가치로 돌아올 텐데 자본의 논리가 그 시간을 견디지 못하는 거죠. 천천히 부드럽게! '스윙'도 '개발'도 그랬으면 하는 바람입니다.

memo

20 . .

20 . .

20 . .

20 . .

20 . .

• 느린 연습

연습이란 실력을 키워주는 것 외에도 궁극적으로는 자신과 맺은 중요한 약속입니다. 그렇지만 모든 연습이 선善은 아닙니다. 양量이 많다고 좋은 것이 아니라, '질質이 겸비된 양'이라야 실력의 향상으로 이어집니다. 빠른 박자의 연습은 낭비입니다. 골프뿐이 아닙니다. 야구 투수가 연습할 때도, 피아니스트가 연습할 때도, 느린 연습이 중요합니다. 느린 것이 아름다운 것은 실제 필드에서의 스윙만이 아닙니다. 연습조차도 느려야 아름답습니다.

memo

• 좌절의 의미

누군가에게 간절하게 도움을 청했는데 거절당한 적이 있습니다. 사실 여러 번이었지요. 화를 많이 냈던 것 같습니다. 원망도 많이 하고, '그래, 두고 보자'라는 결심도 했던 것 같고요. 그런데 세월이 흐르고 보니 도움을 받아서 잘된 일도 있고, 도움으로 인해 일이 더 꼬여버린 경우도 많았습니다. 도움을 받지 못해 지지리 고생도 많이 했지만 도움을 받지 못해 차라리 더 잘된 일도 한두 번이 아니었습니다. 세월이 흐르고 보니 누군가에게 간절하게 도움을 청했는데 그가 거절했다면 그의 문제이기보다는 저 자신의 문제인 경우가 더 많았던 것도 조금은 보입니다. 도움을 받을 자격이 없었던 게지요. 멋지게 날린 공이 오비가 나거나 해저드에 빠지더라도 너무 괴로워 마세요. 멀리건을 안 준다고 원망도 마시고요. 세상일 한 치 앞도 알 수가 없는 거죠. 어쩌면 약이 될지도 모르는 일입니다.

20 . .

20 . .

20 . .

20 . .

20 . .

GOLF DIARY

13

memo

20 . .

20 . .

20 . .

20 . .

20 . .

OCTOBER

• 상식

골프에서는 파 72가 상식입니다. 18홀을 다 도는 것이 상식이고요. 골프는 풀 세트를 갖춰야 할 수 있는 운동이고, 그린에서는 퍼터만을 사용해야 하고, 벙커에서는 샌드웨지만 쓰고, 골프 칠 때는 골프화를 신어야 하고, 엄청난 광고비를 쏟아붓는 브랜드 옷을 입어야 골프가 될 것 같고, 클럽 하우스를 들어갈 때는 적어도 세미 정장은 입어야 하는 운동이고, 누군가 샷을 할 때는 떠들면 안 되고, 어느 정도는 쳐야 비즈니스가 된다거나 어느 정도 거리는 나가 줘야 골프가 된다는, 골프처럼 상식과 금기가 난무하는 운동도 없을 겁니다.

언제부터 그것이 상식이었는지 무엇 때문에 금기인지를 생각할 겨를도 주지를 않습니다. 누군가의 개인적 혹은 집단적 의도이거나 그 시절 그 상황에서 공공의 편의를 목적으로 한 합의들이었을 텐데 말이죠. 성공한 사람이 골프를 하고 있다고 골프하면 성공한다고 이야기해서도 안 되고, 골프가 곧 행복을 가져다줄 것처럼 여기는 것도 큰 일 날 발상이죠.

memo

• 당신의 골프는 어떤 장르?

누구의 삶이나 도도한 흐름입니다. 길을 걷다가 혹은 전철 안에서, 연습장의 옆자리, 골프장의 그늘 집에서 만나는 모든 사람이 한 편의 영화입니다. 주인공이자 감독이면서 동시에 촬영감독이기도 한 그 영화는 애간장을 녹이는 러브스토리일 수도 있고 성공의 신화나 무협 영화일지도 모르지요. 어떤 이는 지금 격랑에 휩싸인 장면에 있고, 어떤 이는 햇살을 가득 안고 평온한 들판을 가로지르고 있기도 하겠지요.
당신의 골프는 어떤 장르의 영화, 어느 장면인가요? 천방지축 청춘 영화의 도전? 인간 승리의 화려한 절정, 그쯤에서의 사교? 로맨틱 코미디의 배경? '도찾사' 영화의 도입? 호로의 흉기? 당신이 어느 영화의 어디쯤 있건, 골프가 바다로 가는 당신의 외롭고 긴 여정에 위로가 되는 친구였으면 좋겠습니다.
역경을 이기는 반전의 장면 한구석에 조용히 골프채가 놓여 있거나, 외로움을 이기는 혼자만의 시간이 조용히 퍼팅하는 장면이면 좋겠습니다.

20 . .

20 . .

20 . .

20 . .

20 . .

OCTOBER

GOLF DIARY

15

memo

20 . .

20 . .

20 . .

20 . .

20 . .

• 감정의 색

사람의 감정에 색깔이 있다면 행복이나 기쁨은 붉은색 계열 슬픔이나 좌절은 푸른색 계열이 아닐까 싶습니다. 그런데 인생 반세기쯤 살면서 웬만한 인간사 희로애락을 겪어 보고 나니 기쁨이든 슬픔이든 완전한 하나씩의 색깔일 수 없더군요.

즐거운 눈물, 슬픈 웃음이 있습니다. 걱정스러운 행복, 차라리 잘된 불행도 있습니다. 내 행복이 바탕색이 되어 남의 불행이 더 돋보이게 될지도 모른다는 배려가 있고, 지금의 행복이 나중에 더 큰 짐이 될지도 모른다는 염려가 있습니다. 그러니 기뻐서 마냥 기뻐하면 어른들이 '저, 저 철딱서니 없는 놈' 하면서 혀를 찼던 거겠죠.

페어웨이를 가르는 멋진 드라이버 샷이 나왔다고 마냥 기뻐하는 것은 하수이지 않습니까? 원치 않는 샷이 나왔다고 이내 스윙을 분석하고 씩씩거리는 것이 하수인 것처럼요. 너무 잘 맞은 공이 불행을 초래하고 불운 속에서도 만회할 기회는 얼마든지 있다는 걸 알기까지 세월이 필요한가 봅니다. 그러니 핸디가 잔디 밑에 숨어 있다고들 하지요.

memo

• 스윙은 다음다음

밥을 급히 먹는 사람의 스윙이 느긋할 리 없고 걸음걸이가 느린 사람의 스윙이 빠를 리 없지요. 산에 오르면서조차 이어폰을 귀에 꽂고 뉴스를 듣는 사람은 골프를 치면서도 아름다운 풍광에 눈길을 돌릴 여유를 갖지 못합니다. 골프가 잘 안되거든 자기 삶을 돌아볼 일입니다. 과정을 무시하고 성과를 내려고 덤비고 있지는 않은지, 전체를 보지 않고 부분에 얽매여 있지는 않은지. 골프의 완성은 삶의 성장과 구분 지어서는 절대 생각할 수 없고, 일상의 소소한 일들과 분리해서는 도무지 성립할 수 없지 않습니까. 그렇습니다. '사는 일'이 먼저이고 골프는 그다음, 스윙은 그다음의 다음 일입니다.

20 . .

20 . .

20 . .

20 . .

20 . .

OCTOBER

GOLF DIARY

17

memo

20 . .

20 . .

20 . .

20 . .

20 . .

OCTOBER

• 이게 뭐라고

먹고사는 일도 아니고 죽고 사는 일도 아닌 이 사소한 일에 힘이 안 빠지는 것을 보면 내 일상이 걱정스럽습니다. 어깨에 힘주고, 머리를 쥐어짜며 권위주의나 욕심으로 사는 것은 아닐까요. 오늘 안 되면 내일 해도 그만이고 지금이 아니면 다음이 없는 것도 아닌, 이 티끌만 한 일이 떨리고 긴장되는 것을 보면 내 일상이 참 걱정됩니다.

해야만 하는 일들은 도대체 어떻게 하는 것일까요. 단지 골프만의 일이라 치부하고 싶지만, 일상의 일들도 결과를 바로바로 알려 준다면 꼭 골프만의 일이 아닐 것도 같아, 너무 심란합니다.

memo

• 최고와 최선

골프에도 가치 지향적인 골프가 있고 성과 지향적인 골프가 있습니다. 스코어카드와 딴 돈의 총량이 목적이 되는 골프가 있고 함께한 몰입의 깊이와 교감의 총량을 우선하는 골프가 있습니다. 어찌 되었건 라운드의 결과에 집착하는 골프가 있고 한 번의 라운드를 위한 정성스러운 준비에 더 많은 가치를 두는 골프가 있는 거죠!
결과도 좋아야 하지만 과정이 아름다운 것만 못합니다. 과정이 충만하면 결과가 주는 만족감을 훌쩍 넘어서는 과정 자체의 기쁨이 있습니다. 과정의 기쁨을 한껏 누렸기에 결과에 초연할 수 있습니다. 당신의 골프는 어떻습니까? 당신의 일은 또 어떠신가요?

20 . .

20 . .

20 . .

20 . .

20 . .

OCTOBER

memo

20 . .

20 . .

20 . .

20 . .

20 . .

• 몸 골프 vs 마음 골프

몸과 마음은 본래 둘이 아닌데 마음을 중심으로 살고 있으니 마음이 주인 행세를 하는 경우가 대부분입니다. 몸 중심의 삶을 살아보면 몸의 상태와 조건에 마음이 따라다님을 쉽게 발견할 수 있습니다. 골프가 우리를 부릅니다. 마음 중심의 삶에 고달프고 지친 몸이 몸 중심의 세상을 그리워하는 것입니다. 움직임을 그리워하고 흙을 그리워하고 청량한 공기를 그리워하는 것입니다. 몸의 반란입니다.

이왕 그 부름에 답하려거든 머리 중심의 복잡한 일상을 뒤로하고 몸의 감각과 느낌에 온전히 자신을 내맡겨 봄은 어떨는지요. 몸을 통제하려는 마음의 온갖 음모와 통제로부터 몸을 해방시켜 보는 것은 어떻겠습니까? 모든 지배의 논리가 그러하듯이 정신은 늘 몸의 본능적인 능력을 불신하고 자율성을 의심합니다. 골프는 마음 혹은 정신이나 생각을 최소화하고 단순화하면서 몸의 본능적인 능력을 극대화할 때 가장 좋은 결과를 내는 게임입니다.

memo

• 공헌력

신선한 발상입니다. 누군가를 이겨야만 살 수 있는 세상이라는 관점이 너무도 뿌리 깊습니다. 입시와 취업의 경쟁을 거치면서 우리는 그렇게 훈련받아왔습니다. 승진의 좁은 관문과 시장경제의 치열함이 그런 발상을 더욱 강화했고요. 그렇지만 많은 미래학자가 이야기합니다. 그 이전투구泥田鬪狗의 싸움 속에는 '이겨봐야 먹을 것이 없다'라고.
새로운 시장을 찾아 나서야 합니다. 그래서 감성 교육이 중요하고 공생의 관점이 필요하고 생태와 환경이 더 중요한 개념이고 고객 만족을 넘어 고객을 감동하게 해야 하고 그러려니 창의성이 필요하고….
우리가 혹은 우리의 아이들이 진정으로 갖춰야 할 것은 경쟁력이 아니라 공헌력이라! 저도 명심하고 아이들에게도 밑줄을 쳐서 읽혀야겠습니다. 골프도 경쟁력 있는 골프이기보다는 공헌력 넘치는 골프이면 더 좋겠다 싶습니다.

20 . .

20 . .

20 . .

20 . .

20 . .

memo

20 . .

20 . .

20 . .

20 . .

20 . .

• 오늘 하루

골프장 가는 첫새벽에서 돌아오는 오밤중까지 혹은 그전의 시작부터 그 이후의 끝까지 보인 모든 내 모습이 살아온 과거의 압축이자 미래의 함축입니다. 문장력이 있는 정신과 의사나 삶의 내부를 가만히 들여다볼 수 있는 섬세한 감성을 가진 심리학자에게 의뢰한다면, 책 한 권의 분량이 될 만한 내용을 '내 오늘 하루'가 담고 있습니다. 위대한 사람의 하루와 보통 사람의 하루가 다를 수 없습니다. 모두의 하루는 평등하게 한 권의 책입니다. 그리 생각해보면 오늘 하루! 더욱 멋진 '소설'이 되거나 아름다운 '역사'가 되도록 최선을 다할 도리밖에 없습니다. 그리고 당신은 그 속에 등장하는 행복한 주인공이기를 바랄 뿐입니다.

memo

• 유연한 뇌

20 . .

20 . .

20 . .

20 . .

20 . .

뇌가 몸을 지배하는 것이 아니라 몸이 뇌를 만들어 간답니다. 전혀 하지 않던 골프라는 운동을 하면 뇌는 골프라는 운동을 잘할 수 있도록 발달한다는 거죠. 뭔가를 완벽하게 기억한다는 것 또한 대단히 위험하답니다. 완벽한 기억은 대응의 융통성을 현저히 떨어뜨려서 어느 골프장 몇 번 홀은 7번 아이언! 이라는 식으로 맞바람이 불었던 것도 비가 왔던 것도 무시한 '위험한 기억'이 될 수 있다는 거죠.

"그 골프장은 그래."

"그 사람은 그래."

"그 회사는 늘 그래."라는 식의 단정이나 규정은 지극히 일면적일 수 있는데 주변을 둘러보면 그런 확정된 견해가 강한 사람이 있습니다. 보기에 시원시원하고 행동에 거침이 없을지는 모르지만, 뇌가 점점 융통성을 잃어가는 건 아닌지 의심해 봐야 합니다. 유통성을 잃은 뇌가 알츠하이머병으로 발전할 가능성이 클지도 모르니까요. 골프는 뇌를 부드럽게 만드는 데 도움이 많이 된다니 오늘도 골프와 더불어 건강하세요.

OCTOBER

memo

20 . .

20 . .

20 . .

20 . .

20 . .

• 나를 만들어 가는 골프

우여迂餘와 곡절曲折이 없는 골프를 본 적이 없습니다.
평탄한 골프는 아예 없는 것 같습니다.
뭔가를 깨닫고 한고비를 넘었다 싶으면 어느새 더 큰 산과 마주 서게 됩니다. 그래서 누구나 사연이 많고 나름 한이 맺히기도 하고, 그래서 모여 앉으면 주저리주저리 말들이 많아집니다. 하지만 100개의 고비와 그 고비를 넘는 100번의 깨달음이 있어야 함을 알기에 경지에 이른 사람은 말을 아낍니다.
관해난수觀海難水
바다를 본 자는 물을 이야기하기 어려워한다.
그런 작지만 소중한 한 알 한 알의 깨달음을 골프에만 가두어 놓기에는 너무 아깝지 않으세요? 골프에서의 깨달음을 삶의 현장으로 가지고 돌아오면 울퉁불퉁한 삶을 살아낼 희망이 됩니다.

memo

• 여유

팽팽하고 꽉 찬 스윙이 있습니다. 한 치의 오차도 허용하지 않으려는 듯 탱탱한 긴장감이 넘치는 그런 스윙이 있습니다. 결과는 그리 신통치를 못합니다. 있는 힘을 다 하기보다 힘을 아끼고 남기는 스윙, 최고의 샷을 기대하기보다 최선의 샷을 하고자 하는 여유로움의 결과가 언제나 좋습니다. 우리가 한순간도 긴장을 놓치지 말아야 할 것은 스윙이 아닙니다. 목표에 고도로 집중하되 몸과 마음에 여백의 미를 남겨두는 버릇! 골프를 통해 연습하면 다른 일상에서도 유용하게 써먹을 수 있습니다.

20 . .

20 . .

20 . .

20 . .

20 . .

memo

20 . .

20 . .

20 . .

20 . .

20 . .

• 골프의 필수과목

명상하면 골프가 언제나 잘되는 것은 아니지만 명상을 하면 골프가 행복해지는 것은 틀림이 없습니다. 머지않아 명상이 골프 연습의 필수과목이 될 것입니다. 명상은 이미 산속에서 내려와 있고 우리의 일상 깊숙이 들어와 있습니다. 백화점의 문화센터에서도 명상을 가르치고 있습니다.
'정보의 시대'는 이미 지나가고 '깨달음의 시대'가 열리고 있다고 합니다. 더불어 깨달음에 의한 새로운 경제가 더 활력을 얻게 될 것이고, '깨달은 리더, 깨달은 소비자'가 주체가 되는 시대가 올 것이라고 패트리셔 애버딘은 이야기하고 있습니다. 명상합시다. 그러면 골프도 삶도 변할 것입니다.

memo

• 사는 게 너무 편한가?

모차르트의 맑고 밝은 음들을 듣노라면 그의 불우한 삶은 도무지 상상할 수 없고 좀처럼 믿기지 않습니다. 어쩌면 믿고 싶지 않은 건지도 모르고요. 사티의 〈당신을 원해요〉, 그리드의 〈피아노 협주곡〉, 쇼팽의 〈빗방울 전주곡〉, 김순애의 〈그대 있음에〉, 베토벤의 〈운명〉…. 혁명적인 상황이 혁명적 사랑을 만들듯 이 책에서 소개하는 위대한 클래식은 작곡가의 순탄치 않은 삶과 탯줄을 맺고 있습니다.
혹시 지금 골프 안, 혹은 골프 밖에서 어떤 시련을 당면하고 있진 않으세요? 만약 그렇다면 그 시련이 가진 속뜻이 과연 무엇인지? 헤아려 볼 수 있는 여유를 잃지 마세요. 신지애의 골프도, 최경주의 골프도, 양용은의 골프도 평온한 골프가 아닙니다. 시련과 인내 속에서 큰 골프가 여물어 가고 있는 겁니다. 골프에 뛰어든 많은 사람이 '힘들다', '어렵다', '괴롭다'…. 엄살을 떠는 것을 듣고 있노라면 가끔 그런 생각이 듭니다. 사는 게 너무 편한가?

20 . .

20 . .

20 . .

20 . .

20 . .

memo

20 . .

20 . .

20 . .

20 . .

20 . .

• 아주 오래된 포도주

오래도록 묵힌 포도주는 갓 저장한 포도주와는 비교할 수 없는 숙성된 맛과 향취가 있습니다. 골프 실력의 향상이 우락부락한 근육의 완성이나 기교의 완성이 아니라 골프나 세상을 바라보는 깊이가 깊어지고, 함께하는 사람에 대한 배려가 깊어지고, 자신을 더 많이 사랑하고 인정하는, 그래서 아름다운 맛과 향기가 더해지는 과정이었으면 좋겠습니다.

memo

• 인무원려 필유근우

人無遠慮 必有近憂

20 . .

20 . .

20 . .

20 . .

20 . .

책을 뒤적거리다가 안중근 의사가 돌아가시기 3일 전에 남기신 말씀이 일상의 삶에도 물론 도움이 되겠지만 골프를 치는 우리도 깊이 새겨들어야 할 것 같아 옮겨 봅니다.

인무원려 필유근우 人無遠慮 必有近憂

'사람이 멀리 생각하지 않으면 반드시 가까운 근심이 있기 마련이다'라는 뜻이겠죠. 현실이 아무리 변화무쌍하고 불확실하더라도 미래를 향한 명확한 방향감을 가지고 있다면 위기를 대처할 지혜가 생기는 법이고, 지금이 힘겹고 어렵더라도 미래의 전망이 확실하다면 고난을 이겨낼 용기와 힘을 잃지 않을 겁니다.

골프를 하면서 당면한 한 샷 한 샷이 불안하거든 요즘 너무 '근시안'이 되어있는 것은 아닌지? '조급증'에 빠진 건 아닌지? 꿈과 목표를 잃고 있지는 않은지? 자신을 되짚어 볼 일입니다. 골프에서 드러나는 증상은 일상으로부터 온 것이거나 아니면 일상에서도 반드시 드러나는 법이니까요.

GOLF DIARY

29

memo

20 . .

20 . .

20 . .

20 . .

20 . .

• 춤추라

우리는 사랑 받으며 행복을 느끼기 위해 태어난 사람입니다. 바로 우리는 태어날 때부터 아름답고 착한 마음을 지녔으며 놀기 좋아하고 자주 웃었습니다. 그때 무슨 전제와 조건이 있었습니까? 춤추고 사랑하고 노래하면서 사는 데 무엇이 필요합니까? 삶은 축제여야 합니다. 삶의 여유도 행복도 결국 선택입니다. 골프로 인해 행복하십니까?

memo

• 때

열 달이 되어야 아이가 나오고 가을이 되어야 추수를 합니다. 빈 스윙을 1만 번은 해야 조금씩 공이 맞기 시작하고 3만 번은 해야 일관성이라 이름할 만한 자신의 구질이 만들어지기 시작합니다. 양이 축적되고 시간이 흘러야 해결되는 문제입니다.

해야 가만히 있어도 떠오를지 모르지만, 사람의 일이란 소임을 다하면서 하늘의 천명을 기다려야 하는 게지요. 다시 한번 강조하지만, 골퍼에게 소임이란 자신이 원하는 스코어에 합당한 시간을 할애하는 것, 그리고 그 할애된 시간의 상당 부분을 빈 스윙으로 채우는 겁니다.

20 . .

20 . .

20 . .

20 . .

20 . .

memo

20 . .

20 . .

20 . .

20 . .

20 . .

• 지금 이 순간

골프는 지금 이 순간에 내가 얼마나 있는가를 묻는 게임입니다. 멋진 자세로 집중하고 몰입하는 듯하지만, 사실은 걱정하고 근심하고 있는 것은 아닙니까?
지난 과거의 실패를 떠올리고 다가올 미스샷을 걱정하고 있는 것, 모두 현재에 있질 못하는 것이고 딴생각을 하는 것입니다. 긴장하면 탄력을 잃게 되는 것이 어찌 골프뿐이겠습니까? 골프는 우리를 현재에 머물 수 있게 하는 좋은 훈련입니다.
싱글이 되려는 욕심으로 연습하는 그 순간의 즐거움을 희생시키고 있지는 않으신지요. 더 높은 기대로 지금 이 순간의 라운드를 망치고 있지는 않으신가요. 잔디를 밟으면서 가만히 귀 기울여 보세요. 새소리, 물소리, 바람 소리, 자연의 소리가 들리고, 오비 말뚝 뒤에 숨어 있는 야생화도 눈에 들어옵니다. 싱글이 되어야 골프가 더 행복할 것이라는 마음만 접으면 스코어의 향상에 비할 수 없는 더 깊은 희열이 거기에 있고 더 많은 신비가 당신을 기다립니다.

Golf Diary

November

11월

memo

20 . .

20 . .

20 . .

20 . .

20 . .

• 수우미양가

일정한 반복의 과정을 거친 모든 스윙은 아름답습니다.
秀 빼어난 스윙이 있고
優 우수한 스윙이 있고
美 아름다운 스윙이 있고
良 나름 양호한 스윙이 있고
可 가능성이 충만한 스윙이 있는 거지요.
반복을 통해서 얻어지는 스윙은 자신의 신체적인 조건을 반영하고, 지금 이 순간 몸의 상태를 드러냅니다. 좀 더 깊이 들여다보면 생활을 드러내고, 좀 더 깊이 들여다보면 세상을 바라보는 관점을 드러내고, 삶을 대하는 태도를 드러냅니다. 그러니 모든 이의 스윙이 다르고 반복의 양으로 다져진 그 다양성은 바로 아름다움입니다.
단, 반복이 아니라 생각으로, 반복이 아니라 이것도 문제고 저것도 문제라는 '단순무식한 지적질'로 다듬어진 스윙, 네 것도 내 것도 아닌 남의 피부를 이식해 놓은 듯 어색한 스윙은 절대 아름다울 수 없습니다. 본인도 고통스럽겠지만 보는 이도 괴롭습니다. 스윙이 맘에 안 든다 싶으면 벌떡 일어나 반복의 양을 늘리세요.

memo

• 시간이 없지 않습니다

세탁기, 자동차, 컴퓨터…. 온갖 문명의 이기들이 우리의 삶을 돕고 있지만, 우리가 한치도 더 여유롭지 못한 것을 보면 시간과 공간의 확장은 '채움'으로는 안 되고 '비움'을 통해서만 가능하다는 사실을 다시금 확인합니다. 골프를 잘 치고 싶지만, 도무지 시간이 없다는 얘기들을 많이 합니다. '시간은 없지 않습니다.' 우선 정말 골프를 잘 치고 싶은 것인지를 자신에게 진지하게 물어야 합니다. 만약 그러하다면 골프를 잘 치는 것보다 덜 중요한 가치들을 하나 둘씩 걷어내 보세요. 시간은 풍성해집니다. 단지 깊은 내면의 바람이 아니라 유행 따라가는 충동적 욕구로서의 골프 때문에 그보다 더 소중한 가치들과 그저 놓여 있는 것만으로도 위안이 되는 세월의 때가 묻은 소품이니 기구를 삶 속에서 들어내지는 마세요.

20 . .

20 . .

20 . .

20 . .

20 . .

memo

20 . .

20 . .

20 . .

20 . .

20 . .

• 반복의 힘

골프 스윙 참 많이도 했습니다. 손에 물집이 잡히고 손마디가 욱신거리도록, 등이 아파지고 옆구리가 결리면서도 무던히도 휘두르고 있습니다. 이 정도 했으면 한석봉의 어머니만큼은 아니어도 어느 정도 경지에 이르러야 하지 않을까 싶습니다.
그렇지만 결과는 참담합니다. 눈을 감고도 자로 잰 듯 썰리는 떡은 고사하고 공은 천지사방으로 난을 치며 날아갑니다.
반복은 같은 행위를 아무런 '마음 없이' 계속하는 거죠. 지긋지긋한 인내의 과정을 통해서 동작은 단순해지고 더불어 몸과 마음은 정화되어 가는 것 아닙니까?
그런데 '우리의 반복'을 잘 들여다보세요. 같은 행위를 반복하고 있는 것이 아니라, 끊임없이 '연구'하면서 변화를 거듭하고 있습니다. '더욱 멀리' 혹은 '보다 똑바로'라는 미명에 얽매여 끊임없이 자신의 스윙을 교정하고 있습니다. 그건 반복이 아닙니다.
욕심도 근심도 없이 텅 빈 마음으로 반복을 하다 보면 인내의 터널을 지나고 어느덧 스윙은 리듬을 타게 됩니다. 리듬은 반복의 피로감은 줄어들면서 동작의 효율은 극대

memo

20 . .

화된 경지입니다. 그래서 남 보기에 아무리 '못난 스윙'이라 할지라도 일단 리듬감을 얻게 되면 싱글을 하고도 남을 '명품 스윙'이 되는 겁니다.

부디 '연구'하지 말고 '반복'하세요. 스윙의 반복이 '거룩한 경지'를 경험하게 해 줄지도 모르잖아요?

20 . .

20 . .

20 . .

20 . .

memo

20 . .

20 . .

20 . .

20 . .

20 . .

• 미인대칭비비불

미 미소는 우리를 행복하게 합니다.
인 인사는 우리의 마음을 열게 합니다.
대 대화는 서로의 이해를 높여줍니다.
칭 칭찬은 서로에게 용기를 심어줍니다.
비 비난하기보다는 이해를
비 비판하기보다는 협조를
불 불평하기보다는 솔선수범을!

이른 아침에 '카네기CEO클럽'의 조찬 모임에 강사로 초청되어서 골프 이야기를 나누었습니다. 카네기의 행복론도 좋아하고 그의 인간관계론이나 성공에 대한 담론도 세간의 천박한 성공론과는 충분히 차별성이 있어 언젠가 기회가 되면 교육을 한번 받아봐야겠다는 생각을 하기도 했는데 마침 강의 요청이 있어 반가웠습니다. 그렇지만 강의를 준비하는 내내 나름 혼란스러웠습니다. 카네기의 생각과 지혜를 몸소 실천하면서 열심히 사는 분들에게 골프는 뭘까? 카네기의 관점대로라면 골프가 힘들면 안 되는데 사실 제 강의에 앞서 책〈인간관계〉의 저자 최염순 소장님의 카네기 교육에 대한 복습강의가 있었는데 그것을 들으

memo

20 . .

면서 혼란은 최고조에 다다랐습니다.
“걱정거리가 있다면 최악의 상황을 상상해 보라. 아프면 죽을 수도 있다. 회사가 어려우면 망할 수도 있고 접을 수도 있다. 거기서부터 다시 생각을 정리해 보라!”
죽을 각오로 회사를 접을 수도 있다는 생각에서 다시 시작하면 된다는 분들 앞에서 골프는 참으로 초라하게 여겨졌습니다.
강의는 무사히 마쳤습니다. 따뜻한 박수도 받고 100여 분이 모이셨으니 그중에는 카네기는 카네기고 골프는 골프인 분들이 있어 도움이 된 분들도 있으시겠지만, 오히려 제가 더 배운 바가 많은 강의였습니다.
열린 마음, 행복한 일터로 만드는 삶의 원칙이라는 미인대칭비비불! 그리하면 캐디도 좋아하고 동반자도 즐거워하면서 골프도 잘될 겁니다.

20 . .

20 . .

20 . .

20 . .

memo

20 . .

20 . .

20 . .

20 . .

20 . .

• 골프의 등급

주변에서 스윙이 조금만 이상해도 조언을 하고, 걸핏하면 레슨을 하려고 들고 골프에 관한 모든 얘기에 토를 달고 끼어들고 자신의 주장을 아낌없이 펼치는 사람 '백돌이', '백순이'임에 틀림이 없습니다. 어쩌면 '계백장군(계속 백 타 치는 사람)'일지도 모르고요.

골프에 관한 자기주장이 확실하고 여전히 골프에 관한 대화를 주도하지만, 스윙과 샷에 관해서는 묻지 않으면 얘기를 잘 안 하는 사람, 레슨하는 것을 조금은 미안해하는 사람. '보기 플레이어'입니다. 스윙과 샷이 마음대로 잘 안된다는 걸 조금은 알게 된 거죠.

골프에 관한 이야기에 점점 과묵해지면서 스윙과 샷에 관해 물어도 좀처럼 이야기하려 하지 않는 사람, '뭐야?', '잘난 척하는 거야?' 싶을 만큼 조금은 거만하게 느껴지기도 하는 그런 사람, 그런 사람이 '싱글'입니다. 그는 스윙이나 샷이 말로 설명되고 머리로 이해되는 그런 것이 아니란 것을 자신의 실패와 주변의 사건과 사고들을 통해 뼈저리게 경험한 사람입니다.

memo

그런데 간혹 함께 골프를 쳐보면 진정한 고수가 있습니다. 어떤 골프장에서도 '이븐'에 가까운 스코어를 내고 가끔은 '언더'도 치는 어떤 난관에서도 파 세이브를 해내는 사람 어떤 날씨에도 군말 없이 자신의 스윙과 샷을 지켜내는 사람 그렇지만 골프에 관해 어떤 귀띔도 없이 그저 자신의 묵묵한 골프를 이어가는 절정의 고수. 그런 그에게 금과옥조 한 마디! 딱 한 마디! 조언을 듣고자 한다면!
돈을 내야 합니다.
웃자고 하는 얘기입니다만 오늘 '이거다' 싶은 깨달음이 내일이면 철 지난 진리일지도 모릅니다. 섣부른 조언이 타인의 골프를 망칠 수 있다는 건 잊지 마세요.

20 . .

20 . .

20 . .

20 . .

20 . .

memo

20 . .

20 . .

20 . .

20 . .

20 . .

• 흉유성죽胸有成竹

흉유성죽胸有成竹

이 말은 중국 북송北宋 때의 시인인 소동파蘇東坡와 조보지晁補之의 시詩에 나오는 '대나무를 그리려면 마음속에 먼저 대나무가 있어야 한다'는 말입니다.

누군가를 사무치게 사랑하면 그 사람을 가슴속에 자꾸 그리게 됩니다. 그리워서 그리기도 하고 미워서도 그리게 되지요. 처음에는 스쳐 지나가는 인연으로 아무렇지도 않게 시작된 관계가 염려로, 미안함으로, 배려로, 그리고 그리다 보니 전생과 이생, 내생을 가로지르는 인연으로 거듭나기도 하고요.

누군가의 마음이든 물건이든 업적이든 뭔가를 얻고 싶다면 욕심을 부려서 될 일이 아닙니다. 먼저 마음속에 그림을 그려야 합니다. 가슴속의 그림이 흘러넘쳐서 종이나 모니터 위로 쏟아지면 더 좋고요. 욕심이 자신을 태우는 부정의 에너지라면 그림을 그리는 것은 '공명'을 부르는 긍정의 에너지입니다.

멋진 스윙을 원하세요? 먼저 가슴속에 '아름다운 스윙' 하나 담아보세요.

memo

• 해서는 안 되는 말

또 왜 이래, 너 때문이야, 뭐가 안 돼, 왜 이 모양이지, 맨날 왜 그러니?
왜 이렇게 벙커가 많아, 물은 왜 이렇게 많아. 더워, 추워, 또 비야?
으이그, 이놈의 바람! 잔디는 왜 이래, 그린이 또, 저 사람 왜 저래?
다 좋습니다. 변명이나 핑계나 혹은 너스레! 사람이 살면서 그럴 수 있습니다.
인간적으로 보이기도 하고, 너무 좋아서 부리는 투정일 수도 있는 것이고.
그렇지만 단 한마디,
"후회한다."
"너를 만난 걸 후회한다"고는 절대 얘기하지 마세요.
우리에게 주어진 모든 조건과 환경이 어쩌면 조그만 깨달음 하나 주려는 보살이나 천사들의 음모나 장난일지도 모르는데 '너를 만난 것을 후회한다'라고 얘기해 버리면 '그분'이 영영 떠나버릴지도 모르니까요.

20 . .

20 . .

20 . .

20 . .

20 . .

memo

20 . .

20 . .

20 . .

20 . .

20 . .

• 사랑

사랑만큼 이 시대를 풍미하는 말도 없을 듯합니다. 어디서부터 어디까지를 사랑이라 해야 할지 얼마만큼의 깊이를 사랑이라 해야 할지 쉽지 않습니다. 그렇지만 '사랑 아님'에 대해서는 얘기할 수 있을 것도 같습니다.
무조건 주는 것, 무조건 순응하는 것, 본능에 따르는 것, 모조리 받아주는 것, 무작정 사주는 것, 모든 걸 들어주는 것, 기다리지 않으려 하는 것, 아프지 않기를 바라는 것.
사랑이 넘치다 보니 사랑이라는 이름으로 저지르는 실수나 죄악도 넘칩니다.
남녀의 사랑도 그렇고 자식과 친구와의 관계에서도 그렇습니다. 사랑했다고 해서 모든 것이 용서될 수는 없는 거지요.
"골프를 사랑하세요?"
그저 본능에 따라 내지르고, 찍고, 패고, 노력도 안 하면서 참지도 기다리지도 못하는, 그러면서 또 고통스럽지 않기를 바라는….
그 모두가 사랑의 행위와는 거리가 멀다는 것! 다시 한번 강조하고 싶습니다.

memo

• 시작은 같을지라도

맨 티와 레이디 티, 출발의 차이를 얘기하나요? 골프를 시작하게 된 동기와 익혀온 과정의 차이를 얘기하는 건가요? 어쨌든 출발이 다르지만 하나의 목적을 향해 반복적인 행위를 이어간다는 점에서 사랑은 '동반의 골프'일지도 모릅니다.

격려하고 도울 수는 있지만 대신해 줄 수는 없는 수많은 일들, 때론 함께 걸을 수도 있지만 결국은 혼자일 수밖에 없는 몸짓들, 서로가 원치는 않았지만 조그만 차이로 인해 홀로 가야만 하는 계곡과 능선에의 불시착, 행방불명, 깃발의 기다림, 함께하는 흥분과 절정의 순간들.

사랑도 몇몇 고비를 넘어 종착에 이르기는 하지만 18번으로 한정된 골프가 고맙기도 합니다. 우린 몇 번째의 홀을 지나고 있는 걸까요. 얼마나 많은 고비를 더 넘어야 하는 걸까요. 세월과 더불어 굽이굽이 산길을 돌아 당신과 나, 지긋하고 평온한 골프, 그윽하고 충만해진 사랑을 그려봅니다.

20 . .

20 . .

20 . .

20 . .

20 . .

GOLF DIARY

13

memo

20 . .

20 . .

20 . .

20 . .

20 . .

• 노동과 수행 사이

나이가 들어가면 하고 싶은 일도 줄어들고 할 수 있는 일에 대한 가늠도 좀 더 현실적으로 되리라 믿었습니다. 이런저런 재료를 활용해서 이것도 넣어 보고 저것도 넣어 보면서 '제멋대로' 만들어 가는 즐거움. 그 속에서 독창적인 비법들이 나오는 게 아닐는지.

아직도 철이 나려면 멀었다 싶지만, 한 가지 다행스러운 건 하고 싶은 일들이 대부분 머리를 쓰기보다는 손을 쓰고 몸을 쓰는 일들이란 겁니다. 게다가 그 일들이라는 것이 돈을 많이 벌겠다거나 내가 좋자고 하는 일이라기보다는 더불어 즐겁고 나눠서 행복한 일들이라는 점에서 저 자신을 칭찬하고 열심히 용기를 북돋워 주는 중입니다. 농사를 짓는 일이나 음식을 만드는 일, 골프를 하는 일 모두가 어찌 보면 괴로운 노동이고 어찌 보면 아름다운 수행입니다.

memo

• 기대와 희망

우리는 티 박스에 서서 끊임없이 버디와 파를 기대합니다. 그 기대의 순간, 심장의 박동은 빨라지고 손에 땀이 배면서 몸이 반응합니다. 사랑하는 그 사람을 기다릴 때의 기대와도 같습니다. 끝없이 이어지는 절망의 나락에서 한 줄기 빛과 같은 희망을 본다거나 사방이 가로막힌 외롭고 고독한 상황에서 실낱같은 희망을 발견한다고 했을 때, 희망에 가슴이 부푼다거나 가슴 벅찬 희망들….

그러고 보면 희망은 산술적인 계산 그 너머에 있는 것인지도 모르겠습니다. 제게 기대와 희망의 차이를 설명하라고 한다면 반응하는 몸의 부위가 다르다고 얘기하고 싶습니다. 내일의 새벽 라운드를 생각할 때 손에 땀이 나거나 주먹에 불끈 힘이 들어가면 기대, 가슴이 벅차오르면 희망!

20 . .

20 . .

20 . .

20 . .

20 . .

memo

20 . .

20 . .

20 . .

20 . .

20 . .

• 라운드 시작하기 전의 기도

라운드 시작하기 바로 전에 암송하는 자신만의 '기도문'을 하나 만들어 보면 어떨까요? 맘대로 안 되는 것이 골프이고, 아무리 겸손해도 지나치지 않다는 사실을 상기시켜줄 수 있다면 어떤 형식, 어떤 내용이라도 상관없겠지요. 아래 예문은 제 나름 하나 만들어 본 겁니다.

천지신명이시여! 보잘것없는 한 인간이 이제 막 32만 평 당신의 드넓은 품속으로 들어가려 합니다. 부디 어여삐 여기시어 무사히 라운드를 마칠 수 있도록 보살펴주십시오. 오늘의 이 라운드는 어떤 멋진 드라마로 펼쳐질까요? 희로애락과 반전의 드라마 속에 당신은 어떤 '의미'를 숨겨 놓았습니까?

당신과 함께 라운드하는 내내 노력 이상의 성과를 기대하는 제 마음을 질책해 주시고 샷이든 스코어든 단기적인 성과에 연연하는 저를 꾸짖어 주십시오. 실패한 과거나 불안한 미래가 아니라 바로 '지금 이 순간', 한 샷 한 샷에 집중하면서 온갖 노력을 다하고자 하오니, 갑작스러운 고난에 주저앉

memo

지 않고, 우연한 행운에 교만해지지 않도록 도와주십시오.
골프가 혼자 하는 운동이 아닌 줄 알고 있습니다. 나보다 상대의 골프를 배려하는 마음을 잃지 않도록 해 주시고 골프가 골프로 끝나지 않고 골프를 통해 얻은 의미들이 일상의 삶에서 꽃필 수 있도록 허락해 주십시오.
감사합니다.

20 . .

20 . .

20 . .

20 . .

20 . .

GOLF DIARY

17

memo

20 . .

20 . .

20 . .

20 . .

20 . .

• 연출가가 돼라

오비가 났습니다. 자신에게 화를 낼 수도 있고, 캐디에게 짜증을 부릴 수도 있고, 친구들에게 화났다 티 낼 수도 있고, 동반자의 오비를 유도할 수도 있습니다. 일단은 반응을 보류해 놓고 오비 티까지 걸어갈 수도 있고 걸으면서 먼 산 하늘을 바라볼 수도 있습니다.

아무리 조금 전의 일이지만 나를 버리고 떠나간 공은 과거일 뿐이고 또다시 나를 기다리고 있는 다음 샷, 미래의 희망을 위해 몸과 마음을 추슬러야 합니다. 어떤 자극이든, 자극이 오면 그것에 즉각적이고 즉흥적인 반응을 보이는 것은 누구나 하는 일입니다. 어린아이도 그렇게 하고 심지어 짐승들도 그렇게 하고 있습니다.

성인이 된다거나 성숙해진다는 것은 자극이 왔을 때 잠시 멈춰 서서 자극에 대한 다양한 반응방식을 고려해 보고 그중 제일 적당한 방안과 그에 따른 감정을 선택하는 능력이 향상했다는 것 아닐까요? 골프는 언제나 당신의 성숙함을 시험하고 있습니다.

memo

• 여백

250야드를 보낼 수 있는 드라이버로 220야드만 보내는 여백, 150야드를 보낼 수 있는 아이언으로 130야드만 보내는 여유가 골프를 골프답게 만듭니다. 온 마음을 스윙과 샷에만 두는 것이 아니라 골프 전체를 생각하는 여백, 라운드 전체를 골프로만 채우는 것이 아니라 바람과 풀과 하늘과 구름과 함께 하는 여유, 나 자신의 골프로 온통 시간을 보내는 것이 아니라 동반자의 골프에 시간을 할애하는 것으로 골프가 더욱 골프다워집니다. 아이러니하게도 그럴 때 가장 훌륭한 골프가 된다는 사실, 다들 알고 계시죠?

자신이 낼 수 있는 소리의 100%로 얘기해 보세요. 오래지 않아 스스로는 목이 아파서는 얘기하기 어렵고 듣는 사람에게는 점점 소음이 되고 맙니다. 하고 싶은 말 다 하고 살면 행복한가요? 참아서 농축되고 묵혀서 발효된 이야기를 낮은 목소리로 나눌 때 비로소 사람의 마음이 움직입니다.

20 . .

20 . .

20 . .

20 . .

20 . .

memo

20 . .

20 . .

20 . .

20 . .

20 . .

• 시간 도둑

지겨운 스팸 문자나, 나를 바보 만드는 텔레비전 오락프로나 드라마처럼, 골프도 당신의 시간을 훔치는 도둑일 수 있습니다.

도둑도 보통 도둑이 아닙니다. 찔끔찔끔 자잘한 좀도둑이 아니라 '자연과 함께'라든가 '사람들과의 친교'라는 교묘한 탈을 쓰고서 시간, 비용, 게다가 정신적인 에너지까지, 뭉텅뭉텅 잡아먹는 대도大盜지요.

골프를 마치고 자신에게 물어보면 알 수 있습니다. 충만한 삶의 활력이나 에너지가 느껴지는 것이 아니라 몇 개의 샷과 그 의미 없는 숫자의 나열로 인해 경쟁심, 좌절감, 열등감, 우월감, 적개심에 사로잡혀 있다면, 골프는 분명 시간 도둑일 뿐입니다.

골프가 에너지를 창조하는 근원이 되려면 정신을 바짝 차려야 합니다. 끊임없이 당신을 괴롭히는 스코어 중심주의로부터 탈출해야 하고 샷의 완성이라는 강박관념으로부터 자신을 지켜내야 합니다. 지겹도록 샷이 안 되는 연습 시간도, 뒤죽박죽이 되어버린 라운드도, 다시는 돌아오지 않을 바로 당신의 시간이기 때문입니다.

memo

• 양날의 칼

사람마다 열정의 크기는 10배가 아니라 100배도 차이가 납니다. 꿈의 크기는 100배가 아니라 1천 배도 차이가 날 수 있을 것이고요.
열등감으로 터덜거리며 걷던 밤길, 좌절감으로 맞던 막막한 새벽, 그 많은 유혹, 될 대로 되라고 자신을 놓아버리고 싶었던 목숨마저 놓고 싶었던 순간들…. 꿈이 없이 어찌 그 칙칙한 뒷골목을 헤쳐 나왔을 것이며 열정 없이 어찌 살아낼 수 있었을 것인가요? 돌아서서 생각해보면 아찔합니다.
하지만 희망과 꿈과 열정이 언제나 약이 되는 것만은 아닙니다. 때론 욕심이 희망으로 둔갑하고 승리욕이 열정의 탈을 쓰면서 강한 독성을 띠기도 합니다. 꿈과 열정은 추구하는 가치에 따라 쓰임이 달라지는 양날의 칼과 같습니다. 잘 써야 합니다. 안일에 빠지는 순간 나와 세상을 베고 나락으로 떨어질 위험은 지금도 앞으로도 여전합니다.

20 . .

20 . .

20 . .

20 . .

20 . .

memo

20 . .

20 . .

20 . .

20 . .

20 . .

• 급한 일과 중요한 일

이런 실험 다들 들어보셨을 거예요. 유리병에 큰 돌덩이를 넣고 자갈도 넣고 조그만 돌멩이를 넣고 모래를 넣어서 꽉꽉 채웁니다. 밑동을 탕탕 두드려서 빈 곳에 모래를 더 붓고 더는 들어갈 틈이 없다 싶을 때 물까지 부어 넣습니다. 한정된 유리병에 엄청 많은 것들이 들어갑니다. 꽉 들어찬 걸 확인하는 그것들을 다 쏟아내고 다시 담아보도록 하는 실험입니다.
어떤 교훈을 주고자 하는 걸까요? 넣는 순서를 한 가지라도 바꾸면 유리병에는 원래 들어 있던 모든 것을 담을 수가 없습니다. 큰 것을 먼저 채우지 않고 작은 것을 먼저 채우기 시작하면 큰 돌을 넣을 공간은 사라지고 맙니다.
우리 일상의 시간을 유리병으로 보면 굵직굵직하고 덩어리가 큰일, 당장 급하지는 않더라도 소중한 일 가치 있고 보람 있는 일을 먼저 해야 한다는 겁니다. 그런데 대부분 긴급한 일에 먼저 손이 가지요. 소중한 일은 지금 하지 않으면 결국은 아주 급한 일이 되어 돌아오게 될 텐데 말이죠.
골프도 그렇습니다. 긴급한 과제와 소중한

memo

20 . .

과제를 구분해야 합니다. 긴급하고 소중한 일은 우선으로 처리되어야겠지만 대부분 사람은 소중하진 않지만 긴급한 일들에 목을 맵니다. 드라이버 거리가 좀 더 나가야 하고 슬라이스를 좀 교정해야 하고 당면한 라운드에서 퍼팅을 몇 개 더 성공시켜야 하는 일은 대단히 긴급한 일이지만 긴 골프의 여정에서 보면 어쩌면 사소한 일일지도 모릅니다. 근력을 유지하고 유연성을 유지하고 지구력을 기르는 일, 골프를 골프 밖에서 볼 수 있도록 마음을 키우는 일, 그런 일들이 결국 골프에서 나름의 성공을 거두는 밑거름이 되는 거지요. 단기적으로 해결되어야 할 과제와 장기적으로 성취되어야 할 과제를 구분할 수 있었으면 좋겠습니다.

20 . .

20 . .

20 . .

20 . .

memo

20 . .

20 . .

20 . .

20 . .

20 . .

• 소유와 존재

한순간 생각이 머뭅니다. 우리는 누군가에게 무엇을 줄 수 있을까? 집도 줄 수 없고, 땅도 줄 수 없고, 타고 다니는 차도 줄 수 없고, 애지중지하는 골프채도 줄 수 없고, 사람을 나눠 쓸 수는 더욱 없는 일이고. 수없이 많은 '내 것' 속에 묻혀 살고 있는데 줄 수 있는 것은 고작 밥 한 끼 사는 것, 혹은 몇 푼의 돈, 골프공 3개들이 한 상자. 결국, 내가 진정으로 소유하고 있는 것은 없고, 소유 당하고 있다는 얘긴데….
다시 곰곰이 생각해 봅니다. 맑은 미소, 따스한 칭찬이나 격려 한마디, 쓰러진 사람을 일으켜 세우는 도움의 손길, 가까운 사람들에 대한 배려, 용서, 나눌 수 있을 만큼의 물질. 의외로 가진 것도 많군요. 마음만 허락한다면 끝없이 재생산이 가능한 것들!
에리히 프롬의 얘기처럼 진정으로 갖지도 못한 것들을 과시하는 소유로서의 삶이 아니라 진짜 자신의 것을 소박하게 나누는 존재로 사는 삶이었으면 좋겠습니다. 골프도 그랬으면 좋겠습니다.

memo

• 골프라는 책

20 . .

평생을 땅과 함께한 농부나 오랜 세월 산을 지킨 산지기나 손수 그릇 만들기를 계속한 어르신이나 술이나 장을 담그는 일을 업으로 그것밖에 모르고 세월을 보내신 분들, 다 '도인'입니다. 제가 느끼기에는 그렇습니다. 세상살이가 모두 공부라는 교육사업에 평생을 바친 대교 강영중 회장의 말씀, 너무도 지당하지만, 그 대상이 자연이거나 자연적인 것일 경우 그 배움의 깊이와 넓이는 더욱 지극하다는 것이 제 생각입니다. 게다가 어르신이라는 데 방점을 찍는 이유는 자연의 섭리를 꿰뚫어 알지 못하면 오랜 세월 그 일을 할 수도 없었을 것이고 생명을 부지하지도 못했을 까닭입니다.

그러니 인간이 효율과 편의를 이유로 자연과 점점 더 유리되는 것은 큰 스승과 책을 잃는 것과 같습니다. 그나마 제겐 골프라도 있어 스승을 가까이할 기회라도 있는데 그렇지 못한 많은 사람은 어쩌죠? 더 저렴하고 편한 배움의 대안들이 많긴 하겠지만 골프가 더 많은 이들의 놀이가 되면 좋겠습니다.

20 . .

20 . .

20 . .

20 . .

memo

20 . .

20 . .

20 . .

20 . .

20 . .

• 일

강상중 작가의 책 〈고민하는 힘〉을 읽다 보면 삼십 대 중반의 남성 노숙자 이야기가 나옵니다. 공원에서 잠을 자면서 쓰레기통에서 잡지를 주워 팔면서 생계를 유지하는 사람이었습니다. 그런 그가 한 달에 며칠 동안 도로 청소하는 일을 얻게 되었습니다. 1년 넘도록 한 번도 눈물을 흘린 적이 없던 그가, 태어나지 않았다면 좋았을 것으로 생각하던 그가, 지나가던 행인이 던진 한마디에 눈물을 흘립니다.
"수고 많이 하십니다."
이 장면은 우리에게 '왜 일을 하는가'를 생각해보게 합니다. 왜 일합니까? 돈이 많으면 일하지 않을까요? 놀면서 매일 골프만 치면 재미있을까요?
일 그 자체가 주는 안정감과 깊은 위안은 일이 너무도 하고 싶은데 '할 수 있는 일이 없어 본 사람'만이 알 수 있습니다. '그래 그렇게 살아도 된다'는 사회적 인정이 절실하고 간절한 세월입니다.

memo

• 이미 행복

골프를 배우려고 오는 사람들을 하루에도 여러 명 만납니다. 골프가 힘들다고 마음대로 잘 안된다고, 거리가 문제고, 방향이 문제고, 더는 실력이 늘지 않는다고, 실력이 예전 같지 않다고, 다들 심각합니다. 스스로 병이라 생각하는 것들을 함께 고치기도 하고 그것이 왜 병인가를 묻기도 합니다. 제가 하는 대부분의 일은 이야기를 들어주는 것이고 답은 언제나 자신의 얘기 속에 다 들어 있습니다.

그렇지만 진정으로 제가 해주고 싶은 이야기는 '골프로 인해 우린 이미 충분히 행복하다'라는 사실입니다. 지금 골프를 할 수 있는 시간과 여유가 행복이고 클럽을 잡고 휘두를 수 있는 건강이 행복이고 더불어 할 수 있는 친구가 있는 것이 행복입니다. 게다가 가족이든 친구든 가까운 사람 중에 큰 불행을 겪고 있는 사람이 있다면 오늘 골프를 할 수 있습니까? 그러니 그런 심각한 불행으로부터 비켜서 있다는 것도 또한 큰 행복입니다.

20 . .

20 . .

20 . .

20 . .

20 . .

memo

20 . .

20 . .

20 . .

20 . .

20 . .

• 실을 꿰는 순간

어머니는 바늘귀에 실을 꿰려 할 때 불러도 듣지를 못하십니다. 누구에게나 완전몰입의 경지는 있는 거죠. 어떤 사람은 일할 때, 어떤 이는 춤을 추거나 음악을 들을 때, 어떤 이는 먹을 때, 걸을 때, 뛸 때, 혹은 화장실에서의 그 어떤 순간…. 짧지만, 구도자의 깨달음에 버금가는 순간이 있습니다. 누구나 그럴만한 능력이 있다는 거죠. 그렇다고 모든 순간, 모든 일에 집중할 수는 없죠. 아주 짧은 순간, 집중이 이뤄집니다. 선택적인 집중인 셈이죠.

골프를 잘하고 못하는 것은 그런 몰입의 순간을 어찌 골프로 가져올 것인가의 문제입니다. 고도의 집중상태를 만들려면 노이즈를 제거해야 합니다. 집중을 방해하는 요소들을 제거해야 하는 거죠. 잘하려는 생각, 스윙의 각종 팁, 욕심, 경쟁심, 지나친 자신감…. 몰입의 맑은 하늘은 억지로 만들어지는 것이 아니라 구름을 살살 걷어내면 거기 그 자리에 원래 있는 겁니다.

memo

• 식물인간

고통이 없는 삶이 어디 있겠습니까. 아프지 않은 고통은 또 어디 있겠습니까. 다만 고통을 기쁨의 동력으로 삼을 수 있는 자와 고통을 원망하는 자로 나뉘는 것이겠지요. 마음의 성장이 멈춰버린 식물인간이 되고 싶지 않다면 고통에 익숙해져 버린 것은 아닌지, 당당히 맞서기보다 피하려고만 하는 것은 아닌지, 고통이 없는 삶을 찾아 헤매고 있는 것은 아닌지 묻고 물어야 할 일입니다. 식물인간이 골프들 제대로 할 수 있겠습니까?

20 . .

20 . .

20 . .

20 . .

20 . .

memo

20 . .

20 . .

20 . .

20 . .

20 . .

• 보기 플레이어의 삶이란

아무리 생각해봐도 보기 플레이어의 삶이란 일주일에 두 번 정도 스크린 골프, 한 달에 두 번 정도는 필드 라운드, 한 달에 한 번 정도 파 3홀에서의 숏 게임 집중훈련, 매일 30분 이상 빈 스윙, 1주일에 한 번 이상 드라이빙 레인지에서의 연습, 그 이하일 수는 없습니다.

물론 보기 플레이어가 된 다음에도 그 정도의 노력은 꾸준히 해야 그 실력이 유지된다는 건 두말 할 나위도 없고요. 연습과 실전의 양적인 관계만을 볼 때 그렇다는 얘기고 더 중요한 것은 노력 대비 지나친 거리 욕심을 부린다거나 슬라이스든 훅이든 일관된 샷보다 공을 똑바로 보내야만 직성이 풀린다거나 유효 샷이 아니라 굿 샷만을 자신의 샷이라 생각하는 사특한 길로 빠져서 골프에 독이 되는 짓거리가 시작되면 노력 대비 효과는 뚝뚝 떨어지면서 보기 플레이어의 길은 더욱 험난해지고 아득해진다는 겁니다.

"선생님 좀 더 빨리!"

"보다 효과적으로 보기 플레이어가 되는 그런 길은 없나요?"

memo

많은 골퍼가 묻지만 아무리 생각해봐도 그런 길은 없습니다. 이만한 견적도 대한민국에서 제일 싼 것이 아닐까 싶습니다. 그나마 보기 플레이어까지의 길은 노력 대비 성취가 나름은 비례하는 순탄한 길입니다. 꾸준하기만 하면 성큼성큼 올라설 수 있는 경지라는 거죠. 그렇지만 그 이후 싱글에 이르는 길은 더욱 가팔라져서 실력 향상을 위해 투입해야 하는 노력의 정도는 기하급수적으로 늘어나면서 실력 향상의 길은 꼬불꼬불 오르락내리락 더디기만 합니다.
보기 플레이까지가 기술적인 완성도를 통해서 다가설 수 있는 경지라면 싱글의 경지란 자신의 본성을 더욱 적나라하게 드러내는 영역이 됩니다. 물론 프로들처럼 하루 8시간씩 엄청난 양의 연습을 하면 싱글의 경지란 것도 그저 기술로 풀 수 있는 영역이 될 테지만 적은 연습량으로 일정한 실력을 유지하려면 어쩔 수 없이 내적인 수양의 정도를 높일 수밖에 없다는 뜻입니다.

20 . .

20 . .

20 . .

20 . .

20 . .

December

12월

GOLF DIARY 01

memo

20 . .

20 . .

20 . .

20 . .

20 . .

• 나는 누구인가?

제 라운드를 가만히 들여다보면 '나는 행복 골프학교 교장이다'라는 본분을 잊어버릴 수도 없고 잊어서도 안 되는 라운드를 하면 그 이름에 부끄럽지 않은 딱 그만한 골프를 합니다. 또, 어린 시절 친구들과 치기 어린 내기를 하면서 웃고 웃기는 왁자지껄한 골프를 하면 다른 사람을 가르치는 사람 맞나? 싶은 그런 어이없는 골프를 하기도 합니다.

투어프로의 세계로 들어가 보면 다들 정말 잘 칩니다. 그리고 가까이서 보면 투어를 뛰는 모든 선수의 실력 차이라는 것은 불과 종이 한 장 차이입니다. 저는 그 종이 한 장의 차이를 자신을 어떤 사람으로 규정하고 있는가의 문제라고 봅니다.

어떤 프로는 자신을 미국 무대에 진출해서 메이저 우승을 할 사람으로 여기고 있고, 어떤 프로는 자신을 상금왕으로 혹은 신인왕으로, 어떤 프로는 그저 일 승이라도 했으면…. 어떤 프로는 컷오프라도 면했으면, 시드는 떨어지지 말아야 할 텐데…. 라고 자신을 규정하고 있습니다.

한 학교에서 실험했답니다. 임의로 아이들

memo

20 . .

을 선발해서 지금의 성적과는 상관없이 너희들은 우리 학교에서 머리가 좋고 공부에 대한 잠재력이 충분한 사람들이다. 학교의 장래를 책임질 너희들이기에 더 책임감을 느끼고 학업에 열중하라고 격려차 이런 자리를 마련했다는 메시지를 전달했다고 합니다. 그리고 6개월이 지난 후에 아이들의 학업 성취도를 평가해 봤더니 아이 대부분이 실제로 상위권에 진입해 있더랍니다.

앵무새처럼 입으로만 중얼거리는 그런 자기암시가 아니라 깊은 내면으로부터 벅차도록 충만한 밝고 희망찬 스스로에 관한 규정을 잃어버리고 단기적인 성과에 일희일비하거나 지엽적인 기술의 문제에 매달리는 모습을 보면 정말 가슴이 먹먹해져 옵니다.

20 . .

20 . .

20 . .

20 . .

memo

20 . .

20 . .

20 . .

20 . .

20 . .

• 알고 보면

가보면 아무것도 아닌 홀이 그린이 안 보이고, 핀이 안 보이고, 도무지 어디다 공을 떨어뜨려야 할지 모르겠다는 이유로 불안하고, 두렵기까지 합니다. 한 번 경험하고 나면 다음번에는 좀 나아지고 그다음에는 쉬워집니다.

반대 경우도 있습니다. 보기에는 쉬운 홀인데 공이 떨어질 만한 지점이 개미허리처럼 되어있다든지, 도랑이 흐르고 있다든지, 벙커가 입을 떡 하니 벌리고 있습니다. 알고 보면 무섭지만, 위험을 알고 나면 대책을 세우는 것은 간단한 일이 되고 맙니다.

살면서 '안전'과 '위험'이 블라인드 된 일이 허다합니다. 오히려 핀이나 페어웨이가 훤히 보이는 경우란 거의 없지요. 살면서 닥치게 되는 '블라인드 홀'들, '처음'이 어렵지, 겪고 나면 아무것도 아니라는 것, 잊지 마세요. 하지만 '경험자들 얘기'에 겸손하게 귀 기울이는 것이나, 끝까지 경계심 늦춰서는 안 된다는 것도 잊지 마세요. 죽고 사는 문제 아니니 걱정할 일이야 아니지만, 첫 경험이 혹독할지도 모르니까요.

memo

• 선천성 그리움

그런 관계가 있나 봅니다. 다가서면 멀어지고, 돌아보면 그리운. 그런 인연이 있나 봅니다. 하나인 듯 느끼지만, 결코 하나가 될 수도 없고, 가졌다 싶어도 더듬어보면 가졌던 기억뿐인. 모든 그리움은 근원에 대한 그리움이고 모든 허무는 존재의 허무함일 터인데 어찌 사람이 사람으로 감당할 수 있었을 것인가요?
찰나의 만남이 빚은 굉음, 가슴을 후비고 욕망을 전해 받은 공이 신음으로 허공을 가릅니다. 애타고 쓰린 세월, 바래고 기리는 마음, 믿어서 안도하고 의심에 떠는 헛된 몸짓들, 샷들 한 홀 한 홀 만남과 헤어짐은 계속됩니다. 오늘따라 무성한 진달래.

20 . .

20 . .

20 . .

20 . .

20 . .

memo

20 . .

20 . .

20 . .

20 . .

20 . .

• 두모악 갤러리

'두모악 갤러리'를 다녀왔습니다. 제주의 바람을 찍었다는 '고 김영갑 님'의 작품이 전시된 공간이자 님의 마지막 작품이기도 한 곳입니다. 책자에서 여러 번 님의 사진을 접했지만, 원작을 보기는 처음이었습니다. 아담한 학교 공간에 차분하게 걸려 있는 원작 사진들을 본 첫 소회는 '울컥' 눈물이었습니다.

'뭐야 이거 뻔한 풍경이잖아' 싶은데 그냥 눈물이 납니다. 너무 뻔한 것이 너무 아름다워서 눈물이 나고 가슴이 저밉니다. 어제도 보고 오늘도 내일도 마주할 일상의 경치를 어쩌면 그토록 아름답게 포착할 수 있었을까 싶습니다. 그 순간을 얻으려는 그의 묵묵한 기다림은 또 얼마쯤이었을까 싶었습니다.

언젠가 한 번은 가봐야겠다 싶은 기막힌 절경을 찍은 사진들은 많습니다. 그런데 그런 것들은 그저 남의 이야기입니다. 그렇지만 님의 사진은 바로 우리들의 이야기였습니다. 우리가 마음을 열고 고요히 눈을 밝히면 바로 우리 옆에 있는 언제라도 보고 만지고 느낄 수 있는 우리들의 이야기입니다.

memo

님은 우리에게 '아름다움은 멀리 있지 않다'라고, '그러니 행복도 멀리 있는 것이 아니지 않겠냐'고 나지막이 속삭입니다. 두모악 갤러리를 다녀온 후의 라운드는 달랐습니다.

바람 하나, 풍경 하나, 햇살 하나, 그 속에 제주를 그토록 사랑했던, 아름다운 일상의 순간을 우리에게 되돌려 주기 위해 고독하고 치열한 삶을 살았던 한 사람이 내내 함께했습니다. 참 소중한 시간이었습니다.

20 . .

20 . .

20 . .

20 . .

20 . .

memo

20 . .

20 . .

20 . .

20 . .

20 . .

• 만트라와 얀트라

산스크리스트어로 '만트라mantra'는 '진언'을 의미합니다. 불교에서도 그렇지만 힌두교에서도 말에 신비한 힘이 있다고 믿습니다.

사람의 입을 떠난 말은 잔잔한 호수에 파문이 일듯 전 우주를 향해 퍼져 나가면서 세상 만물에 영향을 미치고, 같은 말이 반복되면 하나의 에너지가 되고 결국 내게로 돌아온다고 믿는 거죠. 그러니 말조심해야 합니다.

나쁜 말은 나쁜 파장을 일으키고 독한 말은 독한 파장을 만들고 긍정은 긍정끼리 부정은 부정끼리 덩어리가 됩니다.

한편 '얀트라yantra'는 '도구'를 의미하는 말이면서 일종의 그림이나 '부적'을 의미합니다. 부적을 집안에 붙이고 몸에 지니고 다니는 것은 그림도 에너지를 갖고 있다고 보는 건데 우리에게도 그리 낯설지 않은 문화입니다. 힘찬 글씨를 벽에 걸거나 좋은 그림을 가까이하는 것이 힘이 되는 걸 보면 그걸 종교적으로만 해석할 이유도 없습니다.

싱글이 되고 싶으세요? 그럼 '나는 싱글이

memo

20 . .

다'라고 크게 말하세요. 부자가 되고 싶으세요? 그럼 '난 부자다'라고 쓰세요. 그걸 바라보고, 읽고, 꿈꾸고, 간절하게 그리고, 감사하고….
즐기다 보면 만트라와 얀트라의 힘, 우주적인 에너지가 도와서 어느새 그 일이 성큼 내게도 다가와 있을 겁니다.
단, '하고 싶다'라거나 '되고 싶다'라고 쓰면 절대 안 된답니다. 전 우주를 향해서 그리되지 않을 걸 선포하는 꼴이 되니까요.
또, 많이 붙일수록 좋고 많이 읽을수록 좋지만, 나만을 위한 것보다는 더불어 좋을 소망이 더 효과가 빠르고 크다는군요.

20 . .

20 . .

20 . .

20 . .

memo

20 . .

20 . .

20 . .

20 . .

20 . .

• 그때 그때 달라요

공자님께 한 제자가 와서 여쭈었습니다.
"스승님 길을 걷다가 정의롭지 못한 일을 봤을 때 참아서는 안 되겠지요?"
그때 공자님께서 말씀하셨습니다.
"참아야 하느니라."
조금 있다가 다른 제자가 똑같은 질문을 했습니다. 그러자 공자님이 대답했습니다.
"참아서는 안 되느니라."
"?"
제자들이 왜 같은 질문인데 달리 말씀하시는지 여쭈었습니다. 한 제자는 성질이 급하므로 참아야 한다고 말한 것이고 또 한 제자는 성격이 우유부단해서 참지 말고 행동으로 옮길 수 있도록 가르친 것이라 했답니다.
사실 저도 그러거든요. 샷을 하면서 너무 힘을 빡빡 주면 골프는 소 잡는 게 아니라고 살살 치라고 하고, 너무 사분사분 치는 사람에게는 팍팍 힘을 주라고 하죠. 모험적인 사람에게는 전략골프를 하라고 하고 걱정이 많고 자신감이 없는 사람에게는 '공이 죽지, 네가 죽냐' 질러! 질러! 하면서 기운을 나눕니다. 거의, 공자님 수준? 죄송합

10

memo

20 . .

니다.

누구에게나 어떤 상황에서나 적용되는 보편적 진리란 없는 듯합니다. '아름답다', '맛있다'는 것이 지극히 조건적이듯 말이죠. 그러니 골프에 관한 제 말 다 믿지 마시고, 잘 새겨들으세요. 어젠 이러더니 오늘 왜 다르게 얘기하냐 묻지도 마시고…. 마치 절대적인 진리인 양 스윙이 이러니 골프가 저러니 하는 사람들 보면 살짝 겁납니다.

20 . .

20 . .

20 . .

20 . .

memo

20 . .

20 . .

20 . .

20 . .

20 . .

• 욕망

잘하고 싶고, 멀리 보내고 싶고, 크고 싶고, 이기고 싶고, 보고 싶은 욕망이 너무 당연하다는, 어차피 무덤까지 지고 가야 할 짐이라는 이야기. 이 나이에도 다양한 색깔과 모양으로 한여름 뭉게구름처럼 피어오르는 욕망을 보고 있자면 어이가 없어 웃음이 납니다. 반세기쯤 살고 나면 웬만한 욕망은 저절로 스러지는 건 줄 알았습니다. 그놈의 욕망과 다퉈도 보고, 도망도 쳐보고, 다른 욕망으로 바꿔도 보고, 그저 몸을 맡기고 흘러도 보고….

이제는 전략을 좀 바꿔볼까 합니다. 일단 인정하고 잘 살피고 남에게 피해가 되지 않는 범위 내에서 놔두고 보고 피해가 될지도 모르거나 위험하면 잘 어르고 달래서 다른 대안을 찾아도 보고…. 어린아이처럼 잘 보살펴 봐야겠습니다. 욕망은 쓰기에 따라 화도 되고 복도 되는 힘이고 에너지랍니다. 그러니 '골프 욕망'도 잘 쓰셔야 합니다.

memo

• 적당한 거리

20 . .

희망이나 꿈 비전 이런 유의 말들이 범람합니다. 마치 그런 것들 하나쯤 갖지 않으면 낯선 곳에서 엄마 손을 놓친 듯 허전합니다. 희망! 참 좋은 말입니다. 죽은 자도 살려내고 절망의 나락에서도 삶을 견디게 하는 힘입니다. 사실 저도 그랬으니까요. 그런데 또 꿈이나 희망은 현실을 망각하게 하는 힘으로도 작용합니다. 지금, 현재, 이 자리를 소홀하게 하거나 건강을 망치는 블랙홀이기도 하다는 거죠.

너무 가까워도 안 되고 너무 멀어도 안 되는 돈처럼 너무 다가서도 안 되고 너무 떨어져도 안 되는 골프공과의 거리처럼, 희망은 '세상의 안팎이 시원하게 내통하기 적당한' 그쯤의 거리에 있어야 하는가 봅니다.

20 . .

20 . .

20 . .

20 . .

memo

20 . .

20 . .

20 . .

20 . .

20 . .

• 흉터

생채기가 난 그 순간만큼 지금도 아프다면 어찌 살 수가 있겠습니까? 아무리 고통스러웠던 상처도 세월이 지나면서 딱지가 앉고 흉터로 남고 또 더 시간이 흘러 기억이 되고 무늬가 됩니다. 가만히 손을 내려다봅니다. 초등학교 때 짝꿍이랑 장난치다 연필심에 찔렸던 자국, 엄마 몰래 '뽑기'를 해 먹다가 국자에 덴 자국, 골프 하느라 물집이 잡히고 또 잡히다 굳어진 자국, 끊임없이 뭔가를 끄적거리느라 꼭꼭 눌러 잡았던 필기도구들의 자국, 자국들….

삶의 흔적들이 고스란히 '동화'가 되어 남아 있습니다. 이미 지나쳐서 잊힌 일들도 있을 것이고 아직 아물지 않은 상처도 많이 있겠지요. 다 놓고 가십시다. 언젠가는 아물어 아름다운 무늬가 될 테니, 털어버리고 비워내야 또 살아갈 힘이 생길 테니….

memo

• 염려

지금 이 순간 가장 염려되는 일은 무엇입니까? 당신의 마음을 온통 뒤흔들고 있는 일은 무엇입니까? 당장 그 자리를 벗어나 푸른 하늘을 한번 보면 안 될까요? 콧노래를 부르며 터덜터덜 걸어보면 어떨까요. 화장실 거울을 보면서 씩 웃거나 뱃속 깊숙이 숨을 들이켜보는 건 어때요. 그래도 해결이 안 되나요? 인간 존재가 너무도 미미하게 느껴지는 장엄한 풍경이나 나로서는 도저히 감당할 수도 없는 절대적인 고통 속에서 살아가면서도 그것을 이긴 감동적인 장면을 한 번 떠올려 보세요. 영화의 한 장면이라도 좋고 현실 속의 이야기라면 더 좋습니다.

살면서 꼭 은혜를 갚아야 할 사람, 내가 도움을 줘야 하는 어떤 사람들, 그래도 안 되면 어떤 조건과 환경이라도 나를 믿고 지지하고 응원해줄 단 한 사람을 떠올려 보세요.

웬만하면 다 녹아내립니다. 세상에 감당 못 할 고통이란 없는 법이고 만약 그런 일이 있다면 그건 시련을 통해 더 큰 일을 시키려는 천지신명의 계획일 것입니다.

20 . .

20 . .

20 . .

20 . .

20 . .

GOLF DIARY

15

memo

20 . .

20 . .

20 . .

20 . .

20 . .

• 고마운 슬픔

어떤 슬픔도 지나갑니다. 피하려 하거나 외면하지 마세요. 슬픔을 슬퍼하려 하지 않고 일 속으로 도망을 치거나 새로운 관계 속으로 돌진해 들어가서 또 다른 형태의 감정으로 포장을 하게 되면 슬픔은 슬픔끼리 모이고 쌓여서 담석이나 요로의 결석처럼 물리적인 아픔이 되어 다시 돌아옵니다. 처음에는 나 혼자 슬프기 바빠서 아무것도 보이지 않지만 제대로 슬퍼해서 슬픔의 바닥까지 가보면 평소에는 눈에 잘 들어오지 않던 슬픈 사람들이 보입니다. 내 슬픔을 초라하고 미안하게 만드는 더 큰 슬픔도 보이고요. 그래, 삶이란 원래가 참 슬퍼!

감기를 잘 앓고 나면 몸이 맑아지듯 거기가 새로운 희망의 시작이 되고 용기가 됩니다. 골프가 슬픔이었던 적은 없으세요? 그러면 한동안 채를 놓고 많이 슬퍼하세요. 실컷 슬퍼하고 나면 훌쩍 좋아질 겁니다.

memo

• 그런 사람

형체 없이 떠도는 구름 같은 사람이 있고, 산 같은 사람이 있습니다.
흐르는 강물 같은 사람이 있고, 산 같은 사람이 있습니다.
바람 같은 사람이 있고, 산 같은 사람이 있습니다.
전화번호도 바뀌는 일이 없고 사는 곳도 바뀌지 않고 입는 것도 먹는 것도 변함이 없는 언제나 그 자리에 있어서 마음 놓이는 그런 사람이 있습니다.
그가 있어 나무도 풀도 살고 짐승과 새들도 살고 사람마저 살 수가 있습니다. 그래서 바람도 구름도 물도 그를 그리워합니다. 천기가 너무도 변화무쌍하여 그런 산이 그리운 세월입니다. 그런 사람이 골프도 잘 칩니다.

20 . .

20 . .

20 . .

20 . .

20 . .

GOLF DIARY

17

memo

20 . .

20 . .

20 . .

20 . .

20 . .

• 캐디

서툰 캐디를 만나면 두세 홀 당황스럽지만 이내 정신을 차리게 됩니다.

'오늘의 라운드는 캐디에게 도움을 받을 일이 아니라 도움을 줘야 하는구나!'

'오늘은 좀 더 정성껏 거리와 방향과 경사를 읽어야겠구나!'

스스로 문제해결의 주체가 되는 수밖에 없음을 다짐하게 되는 거지요. 사실 저처럼 구력이 오래된 사람은 중간 정도의 실력을 갖춘 캐디를 만나도 거리나 방향을 묻기는 하지만 의존하지는 말아야 한다는 결심을 비교적 빨리하게 됩니다. 그린의 경사도 읽지 말고 그냥 볼만 닦아달라고 하는 일이 많고요.

그런데 거리를 불러주고 클럽을 가져다주는 품새나 공을 닦고 놔주는 솜씨가 예사롭지 않은 왕고참 캐디를 만나면 오히려 게임이 어려워집니다. 너무나 확신에 찬 조언을 아낌없이 해서 나의 직관과 판단을 끊임없이 의심하게 됩니다. 매번 의견이 다르다면 무시하거나 완전히 따르거나 방침을 정하겠지만 때론 맞고 때론 틀리는 상황이 거듭됩니다.

memo

20 . .

20 . .

20 . .

20 . .

20 . .

노련한 캐디와 마주하는 최악의 상황은 그린에서 연출됩니다. 본인은 왼쪽이 높아 보이는데 캐디는 오른쪽이 높다고 하고 내리막처럼 보이는데 오르막이라고 하면, 조언을 무시하든 수용하든 어느 한쪽을 선택해야 하는데 타협을 하게 되는 거죠. '그래 가운데 보고 치자'거나 '평지로 보고 치지 뭐' 결과는 늘 희망과 예감을 배신합니다. 그런 경우 무조건 캐디를 믿고 신뢰하면 되는데 자존심이랄 것까지야 없지만 자신의 직관을 포기한다는 일 생각처럼 쉽지 않습니다. 경지에 이른다는 것 나만의 노력으로 되는 일이 아니라는 것을 다시 한 번 생각하게 하는 지점입니다.

memo

20 . .

20 . .

20 . .

20 . .

20 . .

• 유효기간

영원하고 무한할 것으로 생각하고 무심해지는 일들이 참 많습니다. 지금 하는 일이, 지금의 건강이, 지금의 관계가, 지금의 행복이, 언제까지 지속될까요? 위기가 오고 있다고 머지않았다고 기간이 다 되어간다고 머리는 경고의 신호를 계속 보내고 있는데도 몸은 좀처럼 관성의 힘을 벗어나지 못합니다. 익숙해서 드러눕고 두려워서 주저앉습니다.

만남 뒤에 이별이 있고, 일에는 기한이 따르고, 행복은 어떤 조건 속에서만 가능하고, 기한이 지나면 부패하고, 아직 기한이 남았다 하더라도 잘 관리하고 보관하지 않으면 먹을 수도 버릴 수도 없는 난감한 지경에 이른다는, 세상사 모든 일에 '유통의 기한'이 있다는 이야기가 냉혹하고 쓸쓸하게 들리기는 하지만 더 정직하게 실상의 세계를 드러내 줍니다. 우리들의 골프는 유효기간이 아직 많이 남아 있는 건가요?

memo

• 한결같은

샷을 하러 들어가서 생각이 한결같지 않은 것은 마음의 눈이 여러 곳을 향하고 있는 까닭입니다. 마음의 눈이 여러 곳을 향하는 것은 자기 뜻을 확실히 세우지 못했기 때문입니다. 자기 뜻을 확실히 세우지 못한 것은 자신에 대한 믿음이 확고하지 못한 까닭이고 자신에 대한 믿음이 확고하지 못한 것은 자신을 잘 알지 못하기 때문입니다.

골프에서 자신을 잘 안다는 것은 자신의 샷을 정확하게 파악한다는 걸 의미하겠지요. 거리 방향, 경향성…. 자신을 잘 알기 위해서는 부단한 반복을 통한 통계적 확신이면서 헛된 희망과 기대가 걸러진 상태겠지요. 자신을 잘 알면 모든 샷이 편해지고, 새로운 눈이 열리면서 집중의 힘이 자연스럽게 생깁니다.

20 . .

20 . .

20 . .

20 . .

20 . .

memo

20 . .

20 . .

20 . .

20 . .

20 . .

• 발견

특별한 장소에서 특별한 모습으로 눈에 띄는 사람이 있습니다. 평소에는 있는 듯 없는 듯 존재감이 없던 사람이 노래방에 가서 노래하는 모습이 별처럼 빛날 수 있고 말이 없던 사람이 춤으로 자기를 드러내기도 합니다. 신은 참 공평해서 누군가에게 더 많은 재주와 기회를 주지는 않습니다.

나를 드러내는 나만의 방식이 없다는 것은 '거짓말'입니다. 게을러서이거나 자신을 나지막이 대면할 기회를 얻지 못한 것이거나 너무 큰 기대로 어린싹을 보고도 지나쳤던 탓일 겁니다. 나를 잘 표현하는 '나만의 방식'을 아직 찾지 못하셨다면 자신을 잘 들여다보세요. 감 씨 속의 고개 숙인 어린싹처럼 숨죽여 당신의 발견을 기다리고 있을 겁니다.

뒤늦은 발견으로 새로운 삶의 행로를 걷는 사람들 의외로 많습니다. 그게 골프일 수도 있잖아요?

memo

• 이게 뭐라고

20 . .

골프가 연습한 그대로 되고 마음먹은 그대로 된다면 여러분이 이 자리에 있겠습니까? 내기 골프에 뛰어들거나 직장도 가정도 뒤로하고 프로 무대를 기웃거리고 있겠지요.

지독히도 마음먹은 대로 안 되는 골프가 우리를 바로 이 자리에 붙들어 놓고 있는 겁니다.

해도 안 되고 버리자니 아깝고 절망하고 좌절하고 고뇌하고 또 실망하고 그 속에 우리가 있다는 것. 그런 속에서도 우리는 관계와 희망을 부여안고 조금씩 조금씩 전진하고 있다는 것. 골프는 자발적으로 짊어진 짐입니다. 이 하찮은 일이 마음대로 안 되니 세상의 일들이야 오죽하겠느냐고 짐을 보며 자신을 토닥거리고 있는 겁니다. 많이 힘들면 그 짐을 잠시 내려놓고 한참을 그냥 바라만 보세요. 빙그레 웃음이 날 겁니다.

그래! 이게 뭐라고.

20 . .

20 . .

20 . .

20 . .

GOLF DIARY

23

memo

20 . .

20 . .

20 . .

20 . .

20 . .

• 운동은 약

운동이 처방에 따른 약이라면 골프는 어떤 환자에게 처방되는 약일까요? 쉽게 떠오르는 것은 기본적으로 운동 부족인 사람 걷는 절대량이 모자라는 사람들…. 또 소화불량? 만성 피로? 시력이 안 좋은 사람? 비만? 전문가가 아니라서 잘 모르겠지만 저는 육체적인 병보다는 정신과적 치료에 더 큰 효과가 있을 것 같습니다.

자신과의 솔직한 대면이 필요한 사람, 자신의 터무니없는 경쟁심을 확인해야 할 사람, 자연 속의 한 미미한 존재임을 알아야 할 사람, 세상살이 내 마음대로 되는 일이 별로 없음을 알아야 할 사람, 자신을 존중할 줄 모르는 사람….

그런 사람들에게 골프는 좋은 약이 됩니다. 하지만 약을 과용하거나 맹신하거나 용도 외에 사용하면 부작용 또한 심각한 처방이라는 것도 잊어서는 안 됩니다.

memo

• 행복 클럽과 불행 클럽

골프채에 깃든 비밀을 하나 알려드릴게요. 골프 백 속에는 행복 클럽과 불행 클럽이 같은 개수로 들어 있습니다. 행복 채로 샷을 하면 행복해지고 불행 채로 샷을 하면 불행해집니다. 어떤 클럽으로 샷을 하시렵니까?
행복 클럽을 들고도 불행한 샷을 할 수는 있지만, 불행 샷을 한 대부분 사람은 샷을 하기도 전에 이미 불행 클럽을 선택하고 있다는 겁니다. 우리의 삶에서 평온한 날이란 지극히 예외적이지만 끊임없이 이어지는 사건과 사고가 자꾸만 터무니없는 불운으로 결과한다면 샷을 하기도 전에 불행한 클럽을 선택하고 있는 건 아닌지 곰곰이 살펴볼 일입니다.

20 . .

20 . .

20 . .

20 . .

20 . .

memo

20 . .

20 . .

20 . .

20 . .

20 . .

• 포기

실제로 골프를 접고 라운드를 그만두는 일이야 있을 수 없지만 우리는 골프를 치고 있는 많은 순간 '쉽게 포기하기'를 실천하고 있습니다.
드라이버가 잘 안 맞으면 자포자기의 심정으로 다음 샷을 하고 두 번에 온 그린이 안 되고 네 번 만에 온 그린이 되면 퍼팅을 대충 합니다. 언제나 버디 퍼팅을 하는 정성으로 해도 들어갈까 말까 한 일을 지레 안 들어갈 것으로 생각해버리니 공인들 들어가고 싶겠습니까?
조금 전의 샷은 아무리 직전의 일일지라도 과거일 뿐입니다. 미래는 조금 전의 행위의 결과이긴 하지만 전혀 새로운 가능성으로 늘 우리 앞에 놓여 있지요. 달리는 차에서 백미러를 보면서 운전을 해서는 안 되지요. 잠깐 보면서 확인이야 하지만 바로 미래로, 눈앞에 다가오는 현실로 몰입하지 않고서 어찌 살아남겠습니까? 좀 삐뚤게 가더라도 오비가 나지 않은 것에 감사하고 멋진 샷을 아닐지라도 앞으로 나간 것에 감사하고 핀에 붙지는 않았지만, 그린에 올라간 것에 감사해야 합니다.

26

memo

'감사하는 마음'이 바로 과거로부터의 단절을 돕는 '약'입니다. 매 샷 성공하는 사람과 매 샷 실패하는 사람은 사고방식에 있어서 종이 한 장의 차이일 뿐입니다.
싱글로 가는 길이 험하고 어려운 이유가 자기 자신에 대한 감사와 칭찬이 부족해서 그런 것은 아닐까요? 고래도 춤을 추게 한다는 칭찬이 싱글로 가는 비법입니다.

20 . .

20 . .

20 . .

20 . .

20 . .

memo

20 . .

20 . .

20 . .

20 . .

20 . .

• 너무 많은 목표

우린 뭘 목표로 골프를 치나요? 과녁이나 캐처의 글로브나 타깃에 해당하는 건 뭐죠? IP지점? 깃발? 스코어? 내기에서 돈 따기? 동반자 거리로 기죽이기? 멋진 스윙 뽐내기? 그것마저도 넘어서는 경지에 가려 해도 뭔가에 정말로 집중하는 밀도 높은 과정은 필요한 것 같은데….

골프라는 게임에 있어 단 하나의 목표는 타깃입니다. 깃발이든 탄착 지점이든 오로지 그것. 너무도 지당한 얘기를 강조하는 이유는 우리들의 골프는 목표가 너무 많아요. 스코어도 좋아야겠고 폼도 좋아야겠고 거리도 좀 났으면 좋겠고….

너무도 당연한 얘기를 거듭 강조하는 이유는 가치의 전도, 목표의 분산이나 뒤엉킴이 비단 골프만의 문제가 아니어서 그렇습니다. 일이든 사업이든 사람과의 관계 맺음이든 목표는 아주 단순하고 분명해야 합니다. 그래야 나머지 것들의 우선순위가 정해지고 경중이 가려진다는 것이 제 생각입니다.

memo

• 있는 자와 없는 자

소박하고 작을지라도 뭔가 '자신의 꿈'이 있어야 합니다. 그렇지 않으면 타인의 희망과 목표, 용기와 열정에 휩쓸리게 됩니다. 내가 꼭 뭘 이뤄야 하는 것도 아니고 완전히 타자를 돕는 삶도 큰 의미가 있는 것이지만 그건 '더 큰 내공이 필요한 일'임을 살아보니 알겠습니다. 내 꿈이 아닌 것들에 끌려다니다 보면 쉬 지치고 그러니 힘들고 결국 이게 뭔가 싶습니다. 세월은 또 훌쩍 흘러가 버렸고요.
돈은 돈끼리 모이고 욕심은 욕심끼리 뭉칩니다. 꿈은 꿈끼리 모이지요. 그러니 더 늦기 전에 자신만의 꿈을 꾸세요. 내 꿈이 있어야 다른 아름다운 꿈들과 만날 수가 있습니다. 타인의 꿈에 덩달아 가는 것과는 전혀 차원이 다르죠. 이왕이면 그 꿈이 목숨이 붙어 있는 한 계속 추구할 수 있는, 더불어 행복할 수 있는 그런 일이나 가치면 더 좋겠지요. 혹시 골프가 타인의 꿈은 아닌가요?

20 . .

20 . .

20 . .

20 . .

20 . .

GOLF DIARY

29

memo

20 . .

20 . .

20 . .

20 . .

20 . .

• 느낌의 시간

"생각하는 갈대!"
"아무 생각이 없는 사람."
"생각 좀 하고 살아라!"
"네 생각은 뭐야?"

보통 우리는 '생각 없는' 시간은 낭비라는 '생각'으로 살죠. '생각 없음'을 정말 못 견뎌 합니다. 생각 없음을 나태함, 멍청함, 게으름과 동의어로 이해하고 좀 더 심하면 무책임, 무능력으로까지 해석하려 듭니다.

생각이 너무 많습니다. 옛날보다 생각의 양이 넘치도록 많고 시골보다 도시가 생각이 지나치다는 겁니다. 생각이 생각을 낳고 생각이 생각에 노이즈를 일으킨다는 거죠. 급기야 과도한 생각이 오감의 퇴행을 가져오고 사건과 사물, 사람을 이해하는 명민함을 잃어버리게 만든다는 거죠.

골프를 좀 진지하게 해본 사람이라면 위의 이야기에 전적으로 공감하실 겁니다. 꼬리를 무는 생각이 터무니없는 샷을 만들고 생각에 생각을 거듭하다 바람도 잊고 경사도 잊어버립니다. 동물적인 본능으로 해야 할 일을 이성으로 해결하려니 '고생바가지'입니다.

memo

멍한 시간, 고즈넉한 시간, 눈과 귀와 코, 손과 피부를 활짝 열어놓는 시간이 필요합니다. 생각하는 시간 사이사이에 온몸으로 '느끼는 시간'이 필요합니다.
경사도 느끼고, 거리도 느끼고, 사람도 바람도 느끼는 겁니다. 느낌이 좋은 날! 일도 잘되고 골프도 잘 되는 겁니다. '느낌의 시간'을 아까워 마세요.

20 . .

20 . .

20 . .

20 . .

20 . .

GOLF DIARY
31

20 . .

20 . .

20 . .

20 . .

20 . .

• 공을 보면 안 된다

멋진 샷을 하려면 '공을 보면 안 됩니다.'
공을 보면 마음이 입니다. 욕심이 일고 긴장이 일고 온갖 상념이 일어납니다. 그러니 공을 보면 안 됩니다.
사람의 눈이란 참 간사한 것이어서 점을 보면 선을 보지 못하고 선을 보면 면을 보지 못합니다. 내 관심이 온통 하나의 점点—공에 빠지면 궤도(선線)가 관심에서 멀어지고 그 궤도가 그리는 스윙 면面은 전혀 생각할 수가 없습니다. 사람의 시선과 운동이란 그런 것입니다.
그러니 공을 보면 안 됩니다. 나무를 보면 숲을 보기 어렵고 달을 가리키는 손가락을 보면 정작 달은 보이지 않는 이치입니다. 너무 멀리 보면 가까이 있는 것이 보이지 않고 너무 가까운 것을 보면 그것 외에는 아무것도 보이질 않으니, 오로지 볼과 목표를 매개해 주는 스윙의 궤도(선線)에 온 신경을 집중할 일입니다. 그리고 그 궤도 속에 우연히 공이 있었을 뿐인 거죠.
"눈에 속지 않는 것."
너무나 쉽고 당연한 이치이지만 그것이 결국 골프의 본질적인 어려움입니다.

Golf Diary

· 행복골프㈜ 대표
· 행복골프학교 교장
· USGTF 마스터 프로
· 전)마음골프㈜ 부사장
· 전)마음골프학교 교장
· 고려대학교 정치외교학과 졸업

글쓴이_김헌

대한민국의 모든 아마추어가 그러하듯 김헌은 직장 생활과 사업을 하면서 골프를 익혔다. 결국 USGTF의 마스터 프로 자격을 땄지만 한 번도 프로가 되기 위한 별도의 훈련과정을 거친 적이 없다.

구력이 30년이 넘고, 70대 초반의 스코어를 치지만 주말 골퍼로 1년에 50회 이상의 라운드를 하는 것도 쉽지 않았다. 역설적이게도 그것이 바로 김헌의 콘텐츠가 설득력이 있는 이유다. 본인이 수많은 시행착오를 거치면서 스윙과 샷을 익혔기에 아마추어들의 수고로움을 알고, 시간과 비용을 아끼고 아껴 골프를 익혀야 했기에 그의 이야기는 일관되게 극도의 효율성을 추구하고 있다.

김헌의 콘텐츠를 구성하는 하나의 축이 아마추어 골퍼들에 대한 깊은 공감 능력이라면 또 하나의 축은 기필코 아마추어 골퍼들의 실력을 향상하게 만들고 말겠다는 그의 진정성이다.

김헌은 '마음골프학교'를 설립해서 5,000명 이상의 아마추어 골퍼들을 가르치고, '중앙일보', '조선일보', '경향신문' 의 골프 포탈사이트에서 칼럼을 썼다. JTBC와 '김헌의 행복골프', '김헌의 북 인 골프', '인문의 숲에서 골프를 읽다' 등의 방송 프로그램을 만들었고, 〈골프 천재가 된 홍대리〉를 비롯한 골프 도서 6권을 출간했다. 100회 이상의 강의를 했고 SERI CEO(삼성 경제 연구소)가 주는 최고 강사상을 받았다.

지금 김헌은 자신의 모든 콘텐츠를 스크린 골프 시스템 속에 녹여 '대한재빠(대한민국에서 가장 재미있고 빠르게)'라는 캐치프레이즈로 행복골프훈련소 프랜차이즈 사업을 전개하고 있다.

• 행복골프훈련소

사람들이 골프 연습장에 오는 이유는 단 하나다. 빨리 실력 향상하고 싶어서다. 한 사람의 골프 실력을 향상하게 시키는 일, 그리 간단치 않다. 아무리 뛰어난 프로가 나선다 해도 혼자서 감당할 수 있는 일이 아니다. 골프라는 게임을 하기 위해 알아야 할 정보량은 많고, 골프에 쓰이는 몸짓은 단순하지만, 공의 움직임은 오묘하다. 시설과 장비가 아무리 뛰어나도 그것만으로는 충분치 않다.

'골퍼를 육성하는 총체적인 시스템'이 필요하다.

주 2회 이상 지속해서 연습할 수 있고, 골프가 아니어도 들르고 싶은 세련된 공간이 있어야 하고 그 공간에 적절한 연습 도구(교구)들이 배치되어야 한다. 반드시 교재가 있어야 하고, 친절하고 세심한 길 안내(TUTORING)가 따라야 한다. 적확한 맞춤형 레슨(DOCTOR)이 있어야 할 뿐 아니라 골프가 개인 의지의 문제가 되지 않게 돕는 행복한 커뮤니티가 많아야 한다.

행복골프훈련소는 김헌이 20년 동안 경험하고 생산해온 콘텐츠의 집대성이자, 콘텐츠에 기술(Ai+iot)을 결합한 창조적 도전이다. 오로지 '프로에게만 의존하는 육성 시스템'의 비효율성에 대한 반성을 전제로 '독학 골프'의 낭비적인 요소를 보완한 '자율형 골퍼 육성 시스템'이다.

행복골프훈련소는 현재 프랜차이즈라는 사업 형태로 창업과 전업을 돕고 있고, 2021년말 현재 전국 30곳에서 성업 중이다. 행복골프훈련소는 '대한재빠(대한민국에서 가장 재미있고 빠르게)'를 캐치프레이즈로, '우리는 다 계획이 있습니다(100300-1938507)'를 메인 슬로건으로 100호점을 향해 매진하고 있다.

○ ● ○